AGENT SCULLY FBI

Le dossier Gillian Anderson

MALCOLM BUTT

Traduit de l'anglais par
Isabelle Allard

Guy Saint-Jean
ÉDITEUR

Remerciements

Deux sites Internet m'ont été d'une aide inestimable lors des recherches préliminaires à la rédaction de ce livre :
http ://www.ecr.mu.oz.au/~simc/xf/people/GA (par Simon Chin)
http ://www.tempest.ucsd.edu :80/~jlinvill/xfiles/gillian (par Mike Quigley)
J'ai également consulté les publications suivantes : *Radio Times, Philadelphia Enquirer, BC Woman, FHM,*
Sun, Sunday Telegraph (Royaume-Uni), *Sunday Telegraph* (Sydney), *SFX, Starlog, Observer, New Woman, Sci-Fi Buzz,*
Movieline, News of the World Sunday, TV Week, Melbourne Herald Sun, US, Okay Weekly, Telegram Tribune (Californie),
Los Angeles Times et *Washington Post.*
Sans oublier trois livres fort utiles : *The X-Files Confidential (Aux frontières du réel : le manuel du fan),* par Ted Edwards (Little,
Brown) ; *Deny All Knowledge : Reading The X-Files,* par David Lavery, Angela Hague et Marla Cartwright (Faber and Faber) ; et
Anderson and Duchovny : An Extraordinary Story, par David Bassom (Hamlyn).
Enfin, je tiens à remercier Joe Roach, The Harco Political Research Unit, Ian Schirmer et Rise Media.
Nous adressons nos remerciements aux agences suivantes, qui nous ont fourni des photographies : All Action ; All Action/Jean
Cummings ; All Action/FotoBlitz ; All Action/Fox Broadcasting ; All Action/Photoreporters/Ian Gatchal ; All Action/Nader Group ;
All Action/Poya ; All Action/Photoreporters/Phil Roach ; All Action/Syd ; All Action/Photoreporters/Joyce Silverstein ; All Action/
Paul Smith ; All Action/Fox Broadcasting/Ken Staniforth ; Alpha ; Alpha/S. Finn ; Corbis/Everett ; Corbis/Everett/Fox
Broadcasting ; Corbis/Everett ; Corbis/Everett/Jack Rowand ; Retna ; Retna/Armando Gallo ; Retna/Steve Granitz ; Retna/Patsy
Lynch ; Retna/Bruce Malone ; Retna/Gregory Pace ; Retna/John Spellman ; Retna/Robert Spencer ; Scope Features ;
Scope Features/DMI/Mirek Towski. Photo de la page couverture : All Action/Jean Cummings.
Nous sommes aussi redevables aux publications *The Box, Daily Mirror, Daily Express,*
Esquire, Melody Maker, Rolling Stone, Sky Magazine et *X Posé.*

Les données de catalogage avant publication
sont disponibles à la Bibliothèque nationale du Québec.

Traduction : Isabelle Allard
Révision : Francine Laroche
Infographie : Folio infographie

Dépôt légal 2ᵉ trimestre 1998
Bibliothèques nationales du Québec et du Canada
ISBN 2-89455-050-2

DISTRIBUTION ET DIFFUSION
AMÉRIQUE : Diffusion Prologue Inc., 1650, boul. Lionel-Bertrand, Boisbriand (Québec) Canada J7H 1N7. (450) 434-0306.
SUISSE : Transat s.a., Rte des Jeunes, 4 ter, Case postale 125, 1211 Genève 26, Suisse. 342.77.40.
BELGIQUE : Diffusion Vander s.a., 321 Avenue des Volontaires, B-1150 Bruxelles, Belgique. (2) 762.98.04.
FRANCE (Distribution) : Distique S.A., 5, rue Maréchal Leclerc, 28600 Luisant, France. (02) 37.30.57.00.
FRANCE (Diffusion) : C.E.D. Diffusion, 73, Quai Auguste Deshaies, 94854 Ivry/Seine, France. (01) 46.58.38.40.

Guy Saint-Jean Éditeur Inc., 674 Place-Publique, bureau 200B, Laval (Québec) Canada H7X 1G1 (450) 689-6402.
Guy Saint-Jean Éditeur – France, 5, Avenue du Maréchal Juin, 92100 Boulogne, France. (01) 41.22.05.29.

Imprimé et relié au Canada

TABLE DES MATIÈRES

Japon, 16 juin 1996

Le 16 juin 1996, à l'aéroport japonais Fukoka, le vol 865 de la ligne aérienne Garuda à destination de Bali est prêt pour le décollage. L'avion circule sur la piste en attendant l'autorisation de la tour de contrôle. Après avoir eu le feu vert, le pilote accélère, lançant l'appareil à pleine puissance le long de la piste. Mais presque aussitôt, des problèmes imprévus surviennent et il doit prendre des mesures d'urgence. Roulant à toute vitesse, l'avion échappe à son contrôle et fait une embardée, heurtant violemment le sol et y creusant une profonde tranchée. L'appareil glisse ensuite sur le ventre sur une distance d'environ 500 mètres avant de s'arrêter dans un bruit grinçant et de s'enflammer, son fuselage éventré dépourvu d'ailes, de queue, de moteurs et de roues. Miraculeusement, on ne déplore aucun décès parmi les passagers, bien que 300 d'entre eux soient blessés, certains gravement. Tous ceux qui sont à bord ont subi un choc qui les marquera pour le reste de leur vie.

Pendant ce temps, une femme est en train de relaxer dans un hôtel et ignore tout de cette catastrophe. Elle peut remercier sa bonne étoile : elle devait prendre le vol 865, mais a annulé sa réservation à la dernière minute en raison d'engagements professionnels, réservant une place sur un autre vol.

Sans savoir qu'elle l'a échappé belle, Dana Scully atterrit à Bali saine et sauve, et se dirige vers la douane avant d'aller retrouver ses collègues de travail. Alors qu'elle pousse son chariot à bagages vers la porte des arrivées, elle remarque avec un sourire amusé le représentant d'une agence de voyages appelée « X » qui brandit une pancarte où on peut lire le nom de ses clients : Scully...

Chicago, 23 août 1974

Carl Kolchak remarqua une odeur bizarre. Il avait été appelé sur les lieux d'un meurtre en apparence banal. Dès son arrivée, il avait éprouvé un profond malaise. La fille semblait avoir trouvé la mort dans une coulée de sable. Aucune empreinte de pas, pas une goutte de sang. Comment était-ce possible ?

Cela s'annonçait comme une autre affaire insolite, mais Kolchak avait l'habitude ; en fait, c'était là le genre d'enquête dont il raffolait. Après tout, il avait dû faire face à des situations bien pires au cours de sa carrière de détective. Il avait toujours en mémoire le loup-garou, le démon indien, la momie, les extraterrestres et, bien sûr, le vampire...

Au moment où le pieu s'enfonce dans le cœur du vampire, un adolescent de Bellflower, une ville du sud de la Californie, est au comble de la terreur devant son poste de télévision. Chris Carter adore *Kolchak : The Night Stalker* et prend énormément plaisir à trembler d'effroi chaque semaine. Il aime aussi *The Twilight Zone (La Cinquième Dimension)*, mais c'est *The Night Stalker* qui lui fait le plus peur.

Il est loin d'être le seul que cette série effraie. Au milieu des années 70, les Américains ne sont toujours pas revenus des suites des monumentales révélations du Watergate et de la démission de leur président. Leur croyance fondamentale en l'honnêteté de l'oncle Sam, ébranlée par la publication d'une série de documents secrets du Pentagone et par l'intervention infructueuse du gouvernement au Viêt-nam, commence à être sérieusement remise en question. Pas par Chris Carter et ses copains, bien sûr ; ces jeunes ont simplement la frousse. Cependant, leurs aînés, à la fois intrigués et inquiets, dressent l'oreille devant les étranges cas de Kolchak et ses théories non moins excentriques.

Avant de concocter la série The X-Files (Aux frontières du réel), *Chris Carter a acquis une expérience considérable en journalisme et dans divers médias, travaillant entre autres pour le magazine* Surfing *et pour Disney.*

Quelque dix ans plus tard, Carter, devenu rédacteur du magazine *Surfing,* passe son temps à écrire. Des textes sur le surf, bien entendu, mais aussi sur d'autres sujets, autrement plus étranges. Ses études en journalisme lui ont été profitables et, parallèlement à son travail, il rédige des pages et des pages de fiction, s'inspirant d'un mélange hétéroclite : son éducation traditionnelle, son style de vie de surfeur, des influences remontant à son enfance et d'autres résolument modernes. Treize ans après avoir commencé à travailler pour *Surfing,* Carter est recruté par Disney et signe quelques sitcoms, dont *Cameo by Night, A Brand New Life* et *Rags to Riches.* En 1993, sa carrière prend un autre virage lorsque le réseau Fox lui propose d'élaborer sa grille de programmation. Carter, ravi de pouvoir enfin mettre de l'avant certaines de ses idées les plus incongrues, a déjà un scénario en tête.

La série qu'il soumet aux dirigeants de Fox s'intitule *The X-Files (Aux frontières du réel)* et repose sur une prémisse très simple : Fox Mulder, un agent du FBI non conformiste, est fasciné par tout ce qui touche au paranormal, ce qui l'amène à entrer en contact avec des gens étranges et à vivre une foule de situations absurdes. Au cours de la série, le téléspectateur assisterait aux multiples rencontres bizarres que feraient Mulder et sa collègue, Dana Scully. Un concept très simple et une idée brillante qui résulteraient en une télésérie complexe. Carter estime avoir suffisamment de matériel pour une série hebdomadaire et est convaincu qu'il y a un marché pour ce type d'émission. Il est conscient que le public est de plus en plus intéressé par le surnaturel, les extraterrestres et, surtout, les théories de complot. La même idée qui avait fait un énorme succès de *Night Stalker* dans les années 70 a pris tant d'ampleur qu'on ne se couvre maintenant plus de ridicule lorsqu'on dit croire à l'existence des extraterrestres. Des centaines de livres, de magazines et d'associations alimentent l'intérêt du public pour ce domaine. Aux yeux de Carter, l'émission *Aux frontières du réel* ne serait que la suite logique de cet engouement.

Heureusement pour lui, la direction de Fox est d'accord pour tenter le coup et lui octroie un petit budget pour tourner une émission pilote. Si les cotes d'écoute ne sont pas suffisantes, le projet sera abandonné, comme c'est le cas pour toutes les téléséries. Carter s'entoure donc d'une équipe, mais s'inspire de ses propres textes pour rédiger le premier scénario. Les auditions vont bon train et, très vite, on trouve quelqu'un pour interpréter Fox Mulder. Il s'agit de David Duchovny, un acteur aguerri qui a déjà joué dans plusieurs longs métrages et séries, notamment *Working Girl (Quand les femmes s'en mêlent), Julia Has Two Lovers (Julia a deux amants)* et, détail amusant, *Twin Peaks,* la série surréaliste de David Lynch. Avec son air pince-sans-rire, son attitude désinvolte et son expérience, Duchovny convient à merveille pour le rôle.

L'interprète de Dana Scully s'avère toutefois plus difficile à trouver. Fox aimerait que ce soit une blonde à la poitrine plantureuse, si possible avec de longues jambes et beaucoup d'expérience au cinéma et à la télévision. Plusieurs noms prometteurs figurent sur la liste ; parmi les candidates, Gillian Anderson semble la moins indiquée. Selon son curriculum vitæ, elle n'a joué que dans une série télévisée, y faisant en outre une seule apparition. De plus, la série en question s'est révélée un fiasco.

Déjà peu convaincus, les producteurs sont loin d'être séduits lorsque la jeune femme se présente à l'audition. Mesurant 1,53 m et pourvue d'un nez aquilin, elle a une silhouette plutôt quelconque que son tailleur ample et sévère ne met pas en valeur. Si les dirigeants de Fox ne sont pas du tout intéressés, Chris Carter, lui, est enthousiaste. La femme qu'il vient de voir entrer dans la pièce correspond exactement à l'image qu'il se faisait de l'agent Dana Scully.

La ronde des auditions

Pour Gillian Anderson, cette audition n'est qu'une parmi tant d'autres. Tous les rôles pour lesquels elle a auditionné jusque-là à Los Angeles étaient convoités par des centaines d'actrices débutantes. Rien qu'au cours de la dernière année, elle a passé 150 auditions ; la seule chose qui distingue la dernière en date, c'est qu'elle tombe le lendemain de l'arrivée de son dernier chèque de chômage. Sans cette aide financière, Gillian craint que sa chance ne tire à sa fin. Elle a parcouru beaucoup de chemin et a dû persévérer pour arriver où elle est ; en fait, elle n'a pas trop mal réussi, mais peut-être le temps est-il venu de passer à autre chose.

Gillian Leigh Anderson semble incapable de rester en place ; sa vie est d'ailleurs marquée par les déménagements. Déjà à l'âge de 11 ans, elle avait vécu sur trois continents et habité de nombreuses maisons.

Née le 9 août 1968 à l'hôpital St. Mary, dans le comté de Cook, près de Chicago, elle est encore aux couches quand ses parents, Edward et Rosemary Anderson, décident de quitter le continent. La famille traverse 3000 km pour aller s'installer sur l'île de Porto Rico, un endroit où les ouragans sont monnaie courante. Son père, qui travaille en postproduction cinématographique, y a décroché un poste. Mais ce n'est qu'un emploi temporaire : quelques mois plus tard, les Anderson plient de nouveau bagage pour se retrouver cette fois dans le Londres branché de 1970, au moment où les Beatles viennent de se séparer. La petite

Bien que mouvementée, l'enfance de Gillian Anderson est tout à fait normale.
Ce n'est qu'à l'école secondaire qu'elle commence à « s'écarter du droit chemin »... 13

Gillian, alors âgée de deux ans, va y passer les neuf prochaines années.

Gillian est une enfant enjouée qui adore disséquer des vers de terre et enfouir leurs restes dans le jardin comme s'il s'agissait de fleurs. Au début, les finances familiales sont plutôt serrées, mais les choses finissent peu à peu par s'améliorer. Le père de Gillian étudie à la London Film School de Covent Garden et sa mère travaille comme analyste informatique. Après une courte période à Stamford Hill, Gillian commence l'école à l'âge de cinq ans. Elle fréquente la Coleridge Junior School de Crouch End, dans le nord de Londres.

Dans n'importe quel établissement scolaire, un enfant qui s'éloigne un tant soit peu de la norme s'attire inévitablement les brimades. L'accent étranger de Gillian ne passe pas inaperçu et en fait une cible parfaite pour les railleries. L'actrice confiera plus tard à *Okay Weekly* ses souvenirs de cette époque difficile : « Même si je m'efforçais de parler avec un accent britannique, on s'est beaucoup moqué de moi, probablement parce que j'étais américaine. Mon attitude indépendante et autoritaire n'arrangeait pas les choses. Je n'étais pas une élève très brillante, car je passais mon temps à rêvasser. Loin d'être une maniaque des sciences comme Scully, j'étais inattentive, je bavardais sans arrêt et j'étais constamment punie. »

Bien qu'elle soit victime de brimades et de taquineries, Gillian apprend très tôt à se défendre. Après un certain temps, elle a son cercle d'amis et se met à apprécier son école et sa nouvelle vie en Angleterre. À l'âge de huit ans, elle a même un petit ami, Adam. Même si c'est le premier garçon qu'elle embrasse, ce n'est pas une relation « sérieuse » ; Adam n'a pas beaucoup d'argent de poche ! Sans compter que Gillian n'est pas encore au fait des choses de la vie et ne comprend pas les allusions des garçons plus vieux de son école : « Je jurais beaucoup quand j'étais enfant. Je me souviens avoir demandé à ma mère ce que "baiser" voulait dire. Je n'arrive pas à me rappeler sa réponse. J'avais 8 ans et un garçon de 12 ans m'avait dit ce mot dans la cour de l'école. Je lui plaisais et il m'attirait beaucoup. Pourtant, l'affection qu'il me témoignait me faisait peur parce qu'elle n'était pas de notre âge. Il avait peut-être même déjà baisé... Et je ne savais même pas ce que ça voulait dire ! »

En 1976, le milieu musical londonien est sur le point d'exploser avec l'arrivée des incendiaires Sex Pistols. Bien que décrié par le sage establishment britannique de l'époque, le punk rock, avec son style vestimentaire radical, ses sonorités bruyantes et ses antistars consommatrices de drogues, parvient à révolutionner non seulement la musique, mais aussi la mode, les arts, les médias et la culture moderne en général. Gillian n'a que huit ans, mais elle raffole du climat non conformiste de la capitale anglaise.

À l'approche de son onzième anniversaire, elle est très heureuse. Elle forme un groupe uni avec ses amis d'école, elle aime apprendre et elle adore Londres. Il n'est donc pas étonnant qu'elle réagisse avec indignation lorsqu'elle apprend que son père a accepté un nouvel emploi, ce qui les oblige encore à déménager, cette fois dans la petite ville de Grand Rapids, au Michigan. Edward n'a pas le choix : il n'y a pas suffisamment de travail à Londres, où le marché cinématographique est languissant. (Edward finira par fonder sa propre maison de postproduction, appelée Gillian.) En dépit de ses protestations, Gillian est une fois de plus arrachée à un lieu où elle a appris à se sentir chez elle.

David Letterman : *Grandir à Grand Rapids, c'était comment ?*
Gillian Anderson : *C'était... euh... différent. À la fois normal et étrange.*
D.L. : *Normal et étrange ? Comment pouvez-vous concilier les deux ?*
G.A. : *Ce que je veux dire, c'est que la ville de Grand Rapids est plutôt normale. C'est moi qui étais étrange.*

Dès que Gillian aperçoit sa nouvelle ville, elle est consternée. En comparaison avec Londres, Grand Rapids est une ville

Gillian enfant, en Angleterre.

fantôme. La position difficile dans laquelle Gillian se trouvait en arrivant à Londres semble se répéter : elle est de nouveau une étrangère dotée d'un accent différent. Au cours de ses neuf années en Angleterre, elle a adopté, par la force des choses, des manies et des expressions du pays, et se considère comme une Britannique (une fois adulte, elle se dira américaine). À la Fountain Elementary School, les élèves la taquinent et la trouvent bizarre. Colérique et indépendante, elle réagit en rentrant dans sa coquille, ce qui l'éloigne encore plus de ses camarades.

Le contraste entre ses deux styles de vie est foudroyant. Un énorme fossé sépare la vie enivrante et raffinée de Londres et l'environnement plutôt conservateur de cette petite ville endormie du Middle West. Malheureuse et perturbée, Gillian déteste sa nouvelle vie ; elle s'ennuie de Londres et de ses amis anglais. Sa mère déclarera plus tard au magazine *News of the World Sunday* : « Gillian était accablée. Ses amis de Londres étaient des citadins

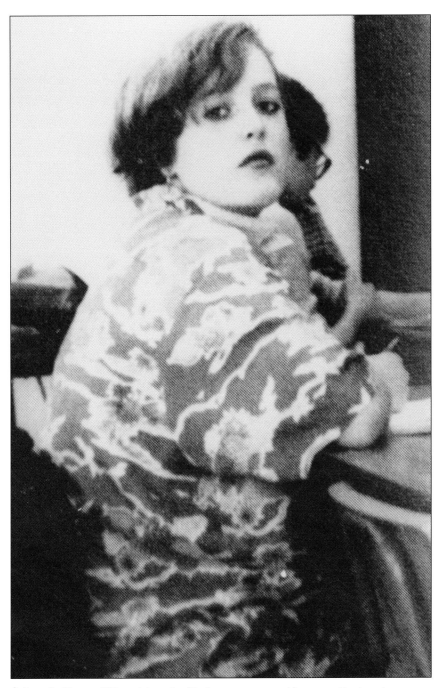

À l'âge de 13 ans, Gillian n'aime plus l'école, et ses notes médiocres en témoignent.

dans le vent. Les garçons portaient des boucles d'oreille et les filles suivaient la mode. Nous étions tous tristes de quitter Londres. Nous détestions l'idée de revenir dans le Middle West. »

Un tel tourbillon d'émotions peut être très néfaste pour une fillette en pleine puberté. Cela finit par avoir un impact négatif sur Gillian. Quand elle entre à l'école secondaire, ses notes sont médiocres et son attitude déplorable. Les différences culturelles entre l'Angleterre et les États-Unis sont difficiles à surmonter pour l'adolescente, comme l'expliquera sa mère : « Ses camarades trouvaient qu'elle avait un drôle d'accent parce qu'elle ne parlait pas comme eux. Gillian a dû apprendre à parler comme une Américaine pour la première fois de sa vie. L'orthographe était un autre problème auquel elle a dû s'ajuster ; l'anglais américain comprend une foule de mots qui ne s'écrivent pas tout à fait comme en anglais britannique. »

Ce n'est pas que Gillian n'est pas intelligente ; elle est seulement perturbée. Heureusement, après un certain temps, la jeune fille s'habitue à son nouvel environnement et ses notes s'améliorent légèrement : « Compte tenu des circonstances, elle réussissait bien à l'école. Ses professeurs estimaient qu'elle était deux ans en avance sur les autres. Elle a fait beaucoup d'efforts pour s'intégrer. »

Malgré ces signes encourageants, Gillian ne tarde pas à s'écarter du droit chemin. De victime, elle devient bourreau à son tour, adoptant un comportement agressif. Après avoir passé les vacances d'été à Londres, où la famille a gardé un pied-à-terre, elle se métamorphose. Là-bas, la mode punk fait toujours rage, et Gillian en raffole. Dès son retour, elle se fait percer le nez, se rase la tête et échange ses pantalons de velours côtelé pour des bottes d'armée et des robes à deux dollars. Les cassettes des groupes Lords of the New Church, Dead Kennedys et Velvet Underground relèguent aux oubliettes les devoirs, les études et les bonnes notes. Les cheveux roux et les minijupes audacieuses cèdent bientôt la place aux cheveux violet et noir, et à des vêtements encore plus incongrus. À un moment donné, l'adolescente arbore même une coiffure mohawk violette haute de 60 cm et traverse une phase où elle s'habille entièrement de noir.

Elle ne s'arrête pas là : à l'âge de 13 ans, elle perd sa virginité avec un homme beaucoup plus âgé qu'elle, chanteur pour un groupe punk rock suspect et poète à ses heures. « C'était embarrassant et stupide, une vraie connerie », racontera-t-elle des années plus tard. Cet homme deviendra par la suite néo-nazi et sera sans le savoir à l'origine de la plus grosse rumeur médiatique concernant l'actrice : les journaux raconteront qu'elle a perdu sa virginité avec un fasciste. Pourtant, cet homme n'adoptera cette idéologie politique que bien des années après la fin de sa relation avec Gillian. Mais il est tout de même douteux qu'il ait été quelqu'un de très sympathique à l'époque.

Au moment où ils se fréquentent, Gillian et lui assistent à des spectacles dans des endroits miteux où ils se lancent dans la mêlée de fans dont les corps s'entrechoquent au pied de la scène. Ils rentrent ensuite à la maison en injuriant les passants qui ouvrent de grands yeux devant leur accoutrement bizarre. L'attitude de Gillian inquiète ses parents, particulièrement son père. Quand elle marche à ses côtés, l'adolescente se place toujours à sa gauche, de façon à ce qu'il ne puisse voir l'anneau qui transperce son nez.

L'année suivante, Gillian se surpasse : elle part vivre avec l'homme en question. Ils dorment à la dure dans des entrepôts désaffectés ou chez des amis. Les histoires du chanteur au sujet de ses minables copains qui se piquent dans des cafés parviennent à maintenir l'intérêt de Gillian pendant près de trois ans. Dans un tel environnement, elle glisse peu à peu dans le dévergondage et l'abus d'alcool, et c'est souvent elle qui paie la nourriture, la bière et les cigarettes de son copain. Des années plus tard, un tabloïd laissera entendre que l'actrice a eu des problèmes d'alcool. Elle n'ira pas jusqu'à en convenir, mais admettra avoir vécu une période difficile, parlant de « crises d'angoisse », de

« comportements autodestructeurs ». Elle avouera même se reconnaître dans l'adolescente anorexique incarnée par Jane Horrocks dans le film *Life Is Sweet* (*Drôle de vie*), de Mike Leigh.

Le libertinage est pour Gillian une façade qui cache son manque d'assurance. « Sans être une parfaite débauchée, je menais une vie plutôt immorale quand j'étais au secondaire, confiera-t-elle au magazine *FHM*. Mais je n'aimais pas vraiment ça. Moi, ce que j'aimais, c'était les petites attentions romantiques des débuts, quand on se fait encore la cour. C'est ça que je voulais. J'avais l'impression que si un garçon m'appréciait, je devais coucher avec lui. Je ne réalisais pas que j'avais mon mot à dire. Si un garçon m'aimait, même si c'était un parfait crétin, je me croyais obligée de coucher avec lui ! C'était une façon d'attirer l'attention. Je crois que les garçons ne me trouvaient pas vraiment séduisante. Peut-être que j'étais à l'aise dans ce type de relation parce que je me sentais moche et sale. J'étais en colère. Je ne m'aimais pas. J'avais des problèmes de poids : j'étais soit trop grosse, soit trop maigre. Je m'habillais en noir ; c'était une façon de me cacher. Je n'aimais pas vraiment faire l'amour. À l'époque, je n'éprouvais aucun plaisir. Quand ai-je commencé à aimer ça ? Euh... J'ai longtemps considéré le sexe comme quelque chose que je devais faire parce que tout le monde le faisait, et non comme une activité où je pouvais m'exprimer librement, joyeusement. Ce n'est pas avant l'âge de 22 ans que je me suis dit : "Hé, je peux y prendre plaisir !" »

> **Parfait** : *Nul ne peut soupçonner mon exaltation. Nul ne peut deviner ma situation. Nul ne peut connaître mes relations. C'est parfait.* Telle était l'inscription (rédigée par le petit ami de Gillian) apparaissant sous la photo de la jeune fille dans l'annuaire de son école.

Le travail scolaire de Gillian souffre inévitablement d'un mode de vie aussi instable. Ses notes chutent et elle devient une étudiante à problèmes. Une année, elle est même élue « Personne la plus susceptible d'être une ratée ». Elle fait régulièrement l'école buissonnière et est une habituée des visites chez le directeur. Ses divers méfaits sont inoffensifs ; le plus réussi est peut-être celui où elle cache des yeux de porc dans le tiroir du bureau de son

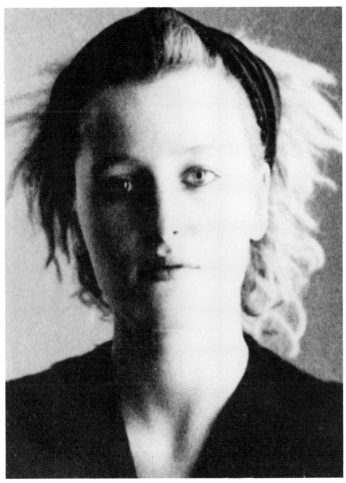

La photo de Gillian apparaissant dans l'annuaire du collège.

21

professeur. Même le soir de la remise des diplômes, en 1986, elle ne peut s'empêcher de faire du grabuge : complètement soûle, elle s'introduit dans l'école et essaie vainement de verser de la colle dans toutes les serrures. Surprise en train de tâtonner dans l'immeuble obscur, elle est emmenée au poste de police le plus près et enfermée avec les ivrognes et les criminels du coin. Son petit ami viendra la sortir de là plusieurs heures plus tard.

Sa colère d'avoir dû quitter Londres n'est pas la seule raison qui explique son comportement. Un autre facteur contribue à son malaise : l'arrivée, coup sur coup, d'un petit frère et d'une petite sœur, Aaron et Zoe. Pendant des années, Gillian a été enfant unique ; maintenant, au moment où elle a désespérément besoin d'attention, elle doit lutter avec deux nouveaux rivaux pour l'obtenir. « J'étais très jalouse, dira-t-elle à *Radio Times*. Du jour au lendemain, je n'étais plus le centre de l'univers. Je suis devenue une grande sœur au moment où un enfant a le plus besoin d'attention. J'étais en pleine puberté. Il me fallait découvrir qui j'étais et trouver une façon de m'exprimer. »

Malgré son comportement inquiétant, ses parents la laissent traverser cette phase sans trop la réprimander et ne tentent pas de lui imposer leurs vues. Sa mère admettra avoir été inquiète, sans toutefois verser dans l'anxiété, durant cette phase explosive de la vie de sa fille : « Sa colère d'avoir dû déménager, sa frustration devant tous ces changements étaient en partie responsables de ces années tumultueuses. Elle a éprouvé une grande rancœur quand nous sommes revenus aux États-Unis. C'était la dernière chose qu'elle souhaitait. Mais ses difficultés étaient principalement attribuables à l'adolescence. Gillian a appris à identifier toute une gamme d'émotions en surmontant ses problèmes. Cela l'a aidée à mûrir. Mais pour être tout à fait honnête, j'avoue ne pas me rappeler qu'elle ait été aussi indisciplinée qu'elle le prétend. C'était une enfant merveilleuse, adorable. Après avoir traversé l'épineuse période de l'adolescence, elle est devenue une femme merveilleuse et adorable. »

Une fois adulte, Gillian se remémorera cette période avec philosophie en constatant que sa vie a pris un tour imprévu. Évoquant ces années malheureuses, elle reconnaîtra qu'elles ont joué un rôle important dans son évolution. « Je ne me sentais pas à ma place. Quitter Londres pour une si petite ville m'a donné un sentiment d'impuissance. Je suis passée par une phase de révolte. Avec le recul, je réalise que c'était une façon de m'affirmer. C'était peut-être illusoire, mais ça me donnait l'impression d'avoir du pouvoir, de ne pas me laisser faire sans rien dire. C'était une étape qu'il me fallait franchir. Je pense que cela a finalement fait de moi une personne plus forte et indépendante. Pendant des années, j'ai trouvé la vie atrocement douloureuse. J'y ai fait face en étant indisciplinée et dévergondée, en m'enivrant. Je voulais tout essayer. D'ailleurs, la majorité des étudiants faisait de même ; pourquoi aurais-je agi différemment ? Certains se sont toutefois fait prendre au jeu et n'ont pu s'arrêter. Heureusement, j'ai été chanceuse et j'ai réussi à m'en sortir. Au fond de moi, j'ai toujours su ce que je voulais accomplir dans la vie. De plus, j'ai bénéficié de l'influence de gens exceptionnels qui m'ont tirée de la situation où je m'enlisais. J'ai accepté leur aide et leurs conseils. »

En accord avec le cliché qui veut qu'un bon artiste doive endurer mille misères, elle expliquera à *Radio Times* : « Mes parents avaient peur que je souffre ou que j'aie des ennuis, mais ils me laissaient libre de faire ce que je voulais. Bien que ça n'ait pas été facile pour eux, je ne regrette rien. J'avais besoin de traverser cette phase, et ils ont dû en accepter les conséquences. Les meilleurs artistes sont souvent ceux qui ont une vie très agitée. »

Une fois Gillian Anderson consacrée vedette internationale, cette phase punk et rebelle éveillera rétrospectivement l'intérêt des médias, surtout des plus sérieux qui s'offusqueront du fait qu'une si gentille jeune fille ait pu être une adolescente dévergondée et rebelle. En voyant ses années formatrices se faire ainsi disséquer et prendre des proportions démesurées, Gillian refusera de s'étendre sur le sujet, qualifiant cette période d'ennuyeuse et banale.

Toutefois, on ne peut nier son importance : bien que ce ne soit pas la situation idéale pour une jeune fille, cela lui apprend plusieurs choses. Premièrement, elle découvre sa propre individualité et prend plaisir à l'exhiber : « Ce n'est que lorsque j'ai commencé à me raser la tête et à m'habiller différemment que j'ai réalisé que je pouvais exprimer qui j'étais et ce à quoi je m'identifiais. » Deuxièmement, en raison de son accent, chaque fois qu'il y a un rôle de Britannique dans les pièces de théâtre de son école, c'est à elle qu'on le confie.

Sa mère dira au magazine *Sunday* qu'elle a pressenti très tôt le talent de sa fille rebelle : « Dès le début, j'ai su que Gillian était douée pour l'art dramatique. Ça faisait tout bonnement partie de sa personnalité. J'ai vraiment pris conscience qu'elle était taillée pour le théâtre quand elle avait 14 ans. Son professeur lui avait confié la scène du balcon dans la pièce *Roméo et Juliette*. Gillian ne connaissait rien à Shakespeare et n'était jamais montée sur les planches. D'ailleurs, dans notre famille, personne n'avait d'expérience dans ce domaine. Son père s'intéressait à la production cinématographique, mais n'avait travaillé que sur des films de formation industriels et des messages publicitaires. Pourtant, Gillian a étudié cette scène et est arrivée à la maîtriser sans effort. Le soir de la représentation, j'en suis restée bouche bée. J'étais impressionnée par son talent. C'est ce soir-là que j'ai su qu'elle deviendrait une actrice. »

Le fait que Gillian néglige son travail scolaire durant cette période produit un effet inattendu : cela la pousse encore davantage vers le théâtre. En 11e année, elle en a assez de l'école et, sur un coup de tête, elle décide d'aller passer une audition pour une pièce de théâtre communautaire locale. Elle obtient le rôle et se sent soudain revigorée : « Cela m'a permis de m'exprimer. C'était tellement libérateur ! » En l'espace de quelques mois, son intérêt pour le théâtre lui insuffle une nouvelle énergie. Ses pairs l'élisent

« Étudiante qui s'est le plus améliorée ». Une page vient d'être tournée.

C'est ainsi que Gillian s'engage sur la voie qui finira par la mener à la série *Aux frontières du réel* et au succès international. Entre-temps, son petit ami punk décrocheur est devenu contre toute attente un avocat spécialisé dans le milieu du showbiz. Selon Gillian, c'est une profession qui convient parfaitement à ce menteur pathologique. De toute manière, il ne peut être plus médiocre comme avocat que comme poète...

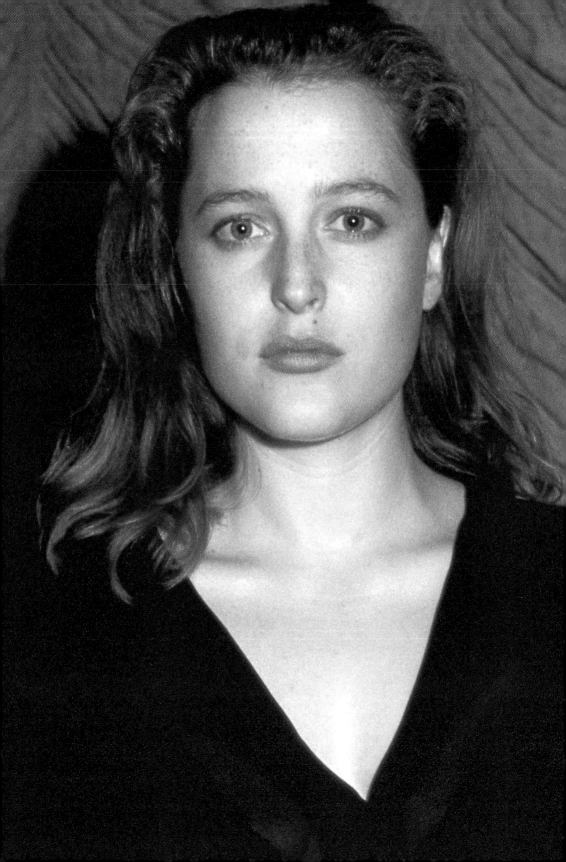

Les débuts cinématographiques

Gillian a toujours voulu devenir océanographe biologiste, un désir qui remonte à son enfance. Son changement soudain d'orientation témoigne de l'attirance qu'exerce immédiatement sur elle le théâtre. Son engagement dans la troupe de théâtre locale a une si grosse influence sur elle qu'il lui fait aussitôt oublier ses ambitions scientifiques et lui donne envie de faire du théâtre sur une base professionnelle.

Après avoir terminé l'école, plutôt que de poursuivre son mode de vie de décrocheuse — comme beaucoup d'ailleurs s'y attendaient —, elle part pour Chicago où elle s'inscrit à des cours de théâtre donnés par la Goodman Theater School, un conservatoire d'art dramatique qui s'est joint à la De Paul University pour des raisons académiques. Gillian sera plutôt discrète sur ces années de sa vie. Toutefois, il est clair qu'elle est encore aux prises avec les problèmes découlant de son adolescence tumultueuse. L'alcool est de toute évidence au premier plan. Interrogée à ce propos par *FHM*, l'actrice, qui optera pour la tempérance à compter de son 21e anniversaire, expliquera: «J'aime un peu trop l'alcool. J'ai cessé d'en consommer parce que cela devenait... c'était simplement devenu exagéré. Je me suis rendu compte que je voulais toujours boire. Et quand je buvais, j'étais introvertie. Après trois verres, j'aurais préféré que tout le monde s'en aille. Mais l'alcool était aussi un stimulant sur le plan sexuel. Cela me donnait de l'assurance, je me sentais séduisante. Pendant un

Juste avant d'obtenir son diplôme d'études secondaires, Gillian se
tourne vers le théâtre, une décision qui redonne un sens à sa vie.

certain temps, j'en avais besoin. Je buvais trop. Mais ça, c'est une autre histoire, et je préfère ne pas en parler.»

C'est au cours de cette période que l'attitude libérale de ses parents commence à porter fruit. Gillian est toujours instable, mais son nouvel intérêt pour le théâtre l'a fait mûrir. Elle prend de l'assurance et devient plus indépendante. Ce regain de motivation se reflète dans sa décision de suivre un cours d'art dramatique durant l'été de 1988, après sa deuxième année d'université. Le cours est donné par le National Theater of Great Britain, à la Cornell University d'Ithaca. De tous les rôles qu'elle interprète pendant ses études, son préféré est celui d'une domestique française dans une comédie intitulée *A Flea in Her Ear*. Cette pièce lui permet d'explorer ses aptitudes pour la comédie.

En 1990, elle obtient son diplôme après quatre ans d'études universitaires. Comme dans la plupart des écoles de théâtre, on organise une tournée permettant aux étudiants les plus talentueux de jouer devant un public composé d'agents, d'imprésarios, de recruteurs et de divers intervenants de l'industrie cinématographique. Un recruteur de William Morris, une des plus importantes agences américaines, est si impressionné par le monologue de Gillian qu'il lui propose de la représenter. Un de ses professeurs, Ric Murphy, se souvient que cet agent n'était pas le seul à admirer le talent de la jeune femme: «Être en compagnie de Gillian, c'était comme se rendre à un surprise-party; elle n'avait qu'un petit rôle dans cette comédie française, mais elle l'a joué de façon à en faire un rôle de premier plan. C'est ce qu'on appelle brûler les planches.»

Le représentant de William Morris lui offre les services de l'agence à la condition qu'elle déménage à New York sans tarder. Déracinée une fois de plus, elle glisse son diplôme en beaux-arts dans sa valise, empile ses maigres possessions à l'arrière de sa Volkswagen Rabbit et met le cap sur New York un beau soir, à 23 h. «Je comptais partir quelques jours plus tôt, mais j'ai mis plus de temps que prévu à faire mes bagages. Ma voiture était pleine à craquer, à tel point que je ne pouvais rien voir dans le rétroviseur. Quand j'arrêtais pour me reposer, je devais me recroqueviller en chien de fusil pour dormir.»

Malgré son apparent désir de saisir la moindre chance qui se présente, elle est déterminée à ne pas se vendre à rabais. Cette nuit-là, blottie dans sa voiture à mi-chemin entre Chicago et New York, elle prend deux résolutions: ne jamais déménager à Los Angeles et ne jamais faire de séries télé. Ah bon, vraiment?

Des endroits comme Los Angeles et New York présentent un étrange paradoxe: ils peuvent à la fois alimenter et détruire les rêves des gens. Quelques jours après son arrivée à New York, Gillian réalise que, malgré l'appui optimiste de son agent, les rôles décents, et même les rôles tout court, sont difficiles à trouver. Mis à part le tournage d'un certain nombre de réclames banales — qui ne seront jamais diffusées —, c'est le calme plat. Au bout de quelques semaines, elle décide donc de se chercher un emploi «de jour». Comme de nombreuses comédiennes avant elle, Gillian devient serveuse. Elle travaille au Dojo, un lieu fréquenté par les étudiants de St. Marks Place, à Greenwich Village. Quand elle n'est pas au boulot, elle passe des auditions, accumulant les tentatives frustrantes qui se soldent par des refus. Ses efforts et sa persévérance finissent par porter fruit en 1991 quand elle a la chance d'auditionner pour un rôle dans *Absent Friends,* une production d'Allan Ayckbourne présentée en dehors de Broadway, au Manhattan Theater Club. Les répétitions sont déjà commencées depuis deux semaines, mais une des actrices, Mary-Louise Parker, s'est subitement désistée pour tenir un des rôles principaux dans le film *Grand Canyon,* de Lawrence Kasdan. Une foule d'actrices se sont présentées pour la remplacer, mais c'est Gillian qui obtient le rôle.

Les producteurs s'en félicitent: son interprétation est applaudie par les critiques et lui vaut le prestigieux Theater World Award. Une telle consécration représente un grand pas vers le succès. Après la pièce, la jeune actrice retourne à son travail de serveuse, mais elle ne se laisse pas décourager: elle sait bien que c'est un aspect inévitable du mode de vie bohème et instable qu'elle a choisi. Inlassable, elle continue à passer vainement audition après audition, jusqu'à ce qu'on lui offre trois rôles clés en 1992. Devant une telle abondance de travail, elle refuse une autre

La détermination et l'ambition de Gillian la soutiennent pendant ses innombrables auditions et ses longues heures de travail comme serveuse.

pièce avant-gardiste pour jouer dans une pièce à New Haven et dans un long métrage.

Gillian fait donc ses débuts au cinéma dans *The Turning* (d'abord intitulé *Home Fires Burning*), un film à petit budget qui sombrera vite dans l'oubli (avant d'être précipitamment déterré). Présenté comme «une dramatique histoire d'amour, de violence et de sectarisme racial dans une petite ville américaine», il s'agit en réalité d'un film insignifiant tourné à peu de frais. On ne le ressortira plus tard qu'en raison de la célébrité de Gillian Anderson. Aux côtés de Tess Harper et de Karen Allen, elle y interprète le rôle d'April Cavanaugh, une serveuse dont le petit ami psychotique revient dans son patelin après une absence de quatre ans. Il renoue avec sa famille, bien décidé à faire du grabuge et à se mêler de la relation extraconjugale de son père, quitte à laisser April réparer ensuite les pots cassés. Contrairement à la prude Dana Scully, April est une femme en quête d'amour et de sensations fortes qui se déshabille pour un oui ou pour un non. Le film ne fera jamais ses frais et sera un échec complet. Malgré cela, on le ressortira en décembre 1996 afin de répondre à l'énorme demande suscitée par la renommée de Gillian Anderson. Le réseau HBO fera montre d'un goût discutable en choisissant de rediffuser ce film, et Gillian fera de son mieux pour décourager ses fans de regarder cette production médiocre.

Après ce rôle qui, à défaut de lui valoir l'admiration des critiques, lui confère néanmoins une expérience inestimable, Gillian se consacre à son deuxième contrat et commence à jouer dans *The Philanthropist,* une pièce de Christopher Hampton présentée au Long Wharf Theater de New Haven, au Connecticut. Bien qu'elle ait davantage d'expérience, il lui arrive encore d'avoir le trac. Elle écrit d'ailleurs à l'auteure Virginia Campbell: «Ah, quelle horreur! J'ai déjà souffert d'anxiété dans ma vie, mais je ne veux pas m'étendre là-dessus... Le trac avant d'entrer en scène, c'est un peu la même chose. J'avais l'impression que quelqu'un m'avait injecté du speed dans le bras... C'était très physique, je tremblais et je n'avais qu'un désir: retourner dans les coulisses. Je savais que je devais dire mes répliques, mais j'avais la tête vide. Puis je suis passée au pilotage automatique.» Heureusement, il est rare qu'elle éprouve cette sensation de trac, et son interprétation remporte l'adhésion de la critique. Elle prend plaisir à incarner son personnage et commence à fréquenter un des acteurs de la pièce. Cependant, cette récente relation prend fin lorsque ce dernier déménage à Los Angeles. Gillian est bien déterminée à ne pas suivre son exemple.

Toutefois, la jeune femme se trouve rapidement confrontée à un dilemme. Quelques jours après son arrivée à L.A., son petit ami l'appelle pour l'inviter à venir le rejoindre. Il l'encourage fortement en lui disant qu'il y a dans cette ville un grand nombre de rôles à combler, et que les producteurs cherchent désespérément de bons acteurs. Gillian refuse catégoriquement de déménager, mais, comme elle a envie de revoir son ami, elle achète un billet d'avion aller-retour avec la ferme intention de revenir après deux semaines. Une fois là-bas, ses plans changent du tout au tout: trois jours après son arrivée, elle vend son billet de retour et s'installe chez son ami. Elle doit compter sur lui pour la faire vivre pendant qu'elle tente désespérément de décrocher des contrats.

Après environ un an de recherches infructueuses, elle se rend compte que sa courageuse décision était plutôt imprudente. Elle passe trois ou quatre auditions par jour, toujours avec l'appui de l'agence William Morris, mais en vain. Puis, vers la fin de cette affligeante année, sa chance commence à tourner. Elle obtient d'abord un rôle dans un épisode de *Class of 96,* une série télévisée éphémère. Elle déclarera au *Philadelphia Inquirer* que son attitude snob envers la télévision avait été adoucie par une pile grandissante de factures et par l'évolution de la qualité des productions télé: «Je n'avais aucun respect pour la télévision, pas plus comme téléspectatrice que comme actrice. Je ne regarde d'ailleurs jamais la télé, je ne possède même pas de téléviseur.»

Malheureusement, le rôle qu'elle incarne dans l'épisode en question, intitulé «The Accused», est aussi éphémère que la télésérie. Elle revient donc une fois de plus à la case départ, c'est-à-dire à des emplois de serveuse et à d'autres auditions. À un moment donné, elle passe près d'obtenir le rôle de Carol Ann Fugate, une fugitive de 14 ans, dans *Murder in the Heartland,* une émission controversée sur le meurtrier en série Charles Starkweather. Avec le recul, Gillian admettra que c'était une bonne chose qu'elle n'ait pas été choisie, mais elle se souviendra que le fait d'être passée aussi près de ce rôle lui avait remonté le moral et redonné confiance en elle: «C'était super et flatteur, à un moment où je n'avais pas beaucoup de travail, d'être considérée digne d'un rôle comme celui-là.»

Ensuite, pour rendre service à un ami producteur, elle accepte d'enregistrer en voix hors champ une cassette audio d'*Exit to Eden,* un roman érotique d'Anne Rice. L'actrice est payée pour lire la moitié du livre, et doit être remplacée pour la suite par un collègue. Les deux acteurs n'ont que deux jours pour se familiariser avec le roman, et ce n'est que le jour de l'enregistrement qu'ils apprennent qu'ils doivent lire avec différents accents, dont un français et un du sud des États-Unis. «Nous sommes restés dans le studio pendant quelques heures, et nous avons improvisé, lisant comme cela nous venait.»

Malgré cette expérience édifiante, Gillian est toujours désespérée. De plus, ses indemnités de chômage tirent à leur fin. La journée même où elle reçoit son dernier chèque par la poste, elle trouve également dans sa boîte aux lettres une proposition pour une autre audition. On mentionne dans la note qu'il s'agit d'une nouvelle émission portant sur le paranormal et mettant en scène deux agents d'un service isolé du FBI. L'actrice décide de s'y rendre, comme elle le fait toujours, mais ne fonde pas trop d'espoirs sur cette audition.

Aux frontières du réel

« Lors de l'audition, je savais déjà que j'obtiendrais le rôle, j'étais donc totalement détendu. C'était mon studio, mon personnage, mes compagnons de travail. J'ai été fantastique. J'aurais voulu être aussi bon devant les caméras! À l'audition, j'ai joué la scène d'une façon légèrement sarcastique — plus sarcastique que ce que le scénario demandait — et cela a complètement désarçonné Gillian. Je m'amusais avec elle parce que je savais que Mulder se fichait bien que Dana reste ou non. Gillian a été outrée que quelqu'un ose lui parler de cette façon. Et c'était parfait: c'est exactement ainsi que Dana devait réagir. »

David Duchovny

David Duchovny a de quoi être sûr de lui. En comparaison avec Gillian, c'est un acteur aguerri qui a joué autant au petit qu'au grand écran. Ce diplômé de Yale et de Princeton a une quantité de rôles à son actif. En plus d'avoir fait de la figuration dans *Working Girl* (*Quand les femmes s'en mêlent*) et *Julia Has Two Lovers* (*Julia a deux amants*), il a joué dans *Twin Peaks* (dans lequel il incarnait le travesti Denis/Denise Bryson, agent du FBI), *The Red Shoe Diaries* (une anthologie érotique), *The Rapture* et *Chaplin*. Il a également tenu une foule de petits rôles à la télévision. Lorsque se présente l'audition pour le pilote de la série *Aux frontières du réel,* Duchovny est intéressé, mais s'attend à un engagement de courte durée, comme il le confiera aux auteurs du livre *The X-Files Confidential (Aux frontières du réel : le manuel du fan)* : « Je croyais que j'irais passer un mois à Vancouver, que je recevrais mon cachet, puis que je passerais à autre chose. Après tout, combien peut-on tourner d'épisodes pour une série sur les extraterrestres, même si elle est bien réalisée ? »

Mais Duchovny s'investit réellement dans le personnage de Mulder, comme le dira Chris Carter aux mêmes auteurs : « Quand David a auditionné pour le rôle, il était parfait. Nous devions donner un choix d'au moins deux acteurs au réseau, mais nous avons tout de suite su que le rôle revenait à David. C'était l'homme qu'il nous fallait. » Le nom d'un deuxième acteur est donc proposé, mais le réseau tombe immédiatement d'accord pour embaucher Duchovny.

Les choses ne sont toutefois pas aussi simples pour le rôle de Dana Scully (nommée ainsi en l'honneur de Vin Scully, l'annonceur des Dodgers). Premièrement, Gillian est en compétition avec des actrices qui, en plus d'avoir beaucoup plus d'expérience qu'elle, sont pourvues d'une poitrine plantureuse, de longs cheveux blonds et d'énormément de sex-appeal. Deuxièmement, Gillian est une parfaite inconnue, ce qui ne joue pas en sa faveur. Troisièmement, elle se présente à l'audition habillée de vêtements amples de couleur terne. Au cours d'une entrevue au *Midday Show* de CBC, elle déclarera que, ironiquement, cela l'avait aidée à décrocher le rôle : « J'étais sans le sou et je n'avais que de vieux vêtements. J'ai donc emprunté un tailleur à une amie. Je ne sais pas si elle était plus grande que moi, mais les vêtements amples lui allaient très bien. Je suis donc arrivée à la première audition vêtue d'un tailleur qui me donnait l'air d'être mal fagotée. C'est la première image que les dirigeants de Fox ont eue de moi. Je crois que cela m'a immédiatement reléguée au second plan. On m'a fait subtilement comprendre que je devrais revenir vêtue d'une jupe un peu plus courte et d'un tailleur ajusté. Toutefois, en me voyant,

Chris Carter a eu la conviction que je correspondais parfaitement au personnage de Scully et a insisté pour que j'aie le rôle. »

Carter est effectivement inflexible sur ce point. Il est persuadé que Gillian est l'actrice idéale pour interpréter Dana Scully. « Lorsqu'elle est entrée dans la pièce, j'ai tout de suite su qu'elle était Scully. Elle dégageait le type d'intensité, d'énergie qui transperce l'écran. » Malgré cela, les dirigeants de Fox ne sont pas convaincus. De nombreuses raisons les font hésiter, la principale étant son manque d'expérience. Après tout, à quoi bon tourner un seul bon épisode si la série se révèle un fiasco ? Carter tient bon, insistant pour que Gillian passe d'autres auditions. Il finit par gagner, et Gillian doit de nouveau affronter les producteurs et se mesurer à plusieurs blondes bien roulées que le réseau a spécialement fait venir de New York. Devant une telle résistance, il est encore plus étonnant qu'elle ait été choisie. « En fait, racontera Carter, les producteurs se demandaient de quoi Gillian aurait l'air dans un maillot de bain. Cela montre à quel point ils ignoraient le contenu de l'émission. Certains d'entre eux étaient très nerveux devant mon insistance. »

Gillian apprend donc avec un énorme soulagement qu'elle a été choisie : elle va enfin pouvoir régler ses factures et payer son loyer, du moins pendant quelques mois. À ce stade, Carter s'est déjà aperçu que le courant passe entre David et Gillian. Elle aussi l'a remarqué. Elle décrira ainsi sa première rencontre avec son futur collègue : « Nous nous sommes bien entendus dès le départ, nous avons adopté le même rythme en lisant nos répliques. J'étais très à l'aise avec lui. » C'est là un élément impalpable que Carter avait noté, contrairement aux dirigeants de la Fox. C'est également ce qui fera d'*Aux frontières du réel*, en l'espace de 18 mois, une des séries télévisées les plus populaires du monde.

En passant, nul n'a demandé à Gillian si elle croyait aux extraterrestres...

On pourrait facilement croire, en se basant sur le succès international que connaîtra la série, que Duchovny et Anderson sont au comble de la joie en héritant des rôles de Mulder et de Scully. Toutefois, au moment où commence la série, ce n'est pas aussi simple que ça. D'abord, Duchovny est un acteur réaliste qui en a vu d'autres et qui sait quelles conditions sont nécessaires à la réussite d'une série. Il soupçonne qu'une émission parlant d'extraterrestres a peu de chances de percer. De son côté, Gillian n'est pas consciente de tout ce qui est en jeu, ainsi qu'elle le dira à *TV Week,* évoquant avec amusement l'audition qui a changé sa vie : « J'ignorais tout ce que cela pouvait entraîner. Je ne savais même pas ce qu'était une émission pilote... Je crois même que cela m'importait peu que l'émission soit gardée ou non. Mais après avoir tourné le premier épisode, alors que je commençais à

De son laboratoire, Scully est constamment en contact avec son collègue Mulder
qui passe le plus clair de son temps sur la route.

en savoir un peu plus sur les coulisses de la télé, je me suis mise à espérer que nous serions en ondes au moins pendant un an. »

Elle admettra également : « Vous savez, à l'époque, je n'avais aucune idée de ce qui se passait réellement. Je me limitais à faire ce qu'on me demandait, sans savoir combien de temps cela allait durer. Je ne crois pas que ça avait de l'importance à mes yeux. Il me suffisait d'avoir du travail, de savoir que quelqu'un voulait que je joue. Je ne m'en faisais pas outre mesure. Pendant que j'auditionnais, je n'avais pas la moindre idée des critères auxquels une émission devait répondre pour être choisie. Je croyais que toutes les émissions étaient automatiquement gardées. »

Ce qu'elle sait, par contre, c'est qu'elle aime le personnage de Dana « Starbuck » Scully. Elle déclarera qu'après avoir entrepris la lecture du scénario, elle n'arrivait pas à s'en détacher : « Ce que j'avais entre les mains, c'était un scénario mettant en scène une femme forte, indépendante et intelligente, un type de personnage que je n'avais pas vu depuis longtemps. »

Diplômée en médecine, Scully est médecin légiste et vient de joindre les rangs du FBI. En prenant son nouveau poste, elle est immédiatement affectée aux « dossiers X », un service dirigé par Fox Mulder, un agent brillant, mais décidément non conformiste, à qui elle doit prêter main-forte. Les dossiers X sont des affaires qui ont été jugées comme ne relevant pas de la compétence habituelle du FBI. L'agent Mulder est un des plus talentueux détectives du FBI. Son étonnante mémoire visuelle et ses connaissances en psychologie lui ont permis d'établir le profil de nombreux meurtriers en série. Scully est là pour l'aider, mais aussi pour surveiller ses actions, trop souvent influencées par sa conviction que sa sœur a été enlevée par des extraterrestres quand elle était enfant. Il doit à cette obsession son surnom de « Martien ». Sur un mur de son bureau, une affiche porte cette légende : « Je veux croire ». Scully, une scientifique qui professe le scepticisme et qui a les deux pieds sur terre, est là pour s'assurer que les folles théories de Mulder reposent sur des faits concrets. La dynamique entre les

La nouvelle recrue du FBI Dana Scully adopte une démarche logique et empreinte de scepticisme qui contraste avec les méthodes d'enquête plus fantaisistes de son collègue.

deux personnages et les enquêtes qu'ils mènent sont au centre de la série.

Le tournage se déroule dans les studios North Shore de Vancouver, où est également tournée *Strange Luck,* une autre production du réseau Fox. Cet endroit a été choisi parce que, selon Carter, « il s'agit du plus vaste lieu de tournage du Nord-Ouest ». Plutôt que de se cantonner dans la traditionnelle région de Los Angeles, on décide d'écrire les textes aux studios de la Twentieth Century en Californie, puis d'envoyer une équipe de production à Vancouver pour mettre en scène chacune des intrigues. On dispose de huit jours pour faire de chacun des scénarios un véritable petit film. Avec un horaire pareil, il devient vite évident que la série va occuper une place prépondérante dans la vie des membres de l'équipe. Gillian doit déménager au Canada. Après quelques jours, elle se rend compte que sa vie ne sera plus jamais la même.

La première chose qui change est sa coiffure et la couleur de ses cheveux. Elle a une chevelure blond cendré ondulée qui descend jusqu'au milieu du dos. À la demande du réseau Fox, Malcolm Marsden (le député britannique de l'épisode « L'Incendiaire ») met le ciseau dans ses longues mèches pour en faire une coupe au carré lisse d'un blond vénitien, une coiffure qui deviendra célèbre. Pour ce qui est des vêtements du personnage, ils sont conçus par différents designers, dont Armani, et ont pour fonction de donner à la jeune femme un air sévère et intellectuel. Un effet qui se trouve d'ailleurs renforcé par les longs et sombres imperméables qu'affectionnent les deux agents.

Le tournage commence dès 8 h le matin et se poursuit souvent jusqu'à 23 h ou minuit, parfois plus tard. En fait, la façon fiévreuse et intense dont l'émission pilote a été tournée a donné le ton à la série : l'équipe de Carter a terminé le tournage à 5 h du matin, à peine trois heures avant sa présentation aux dirigeants de Fox, parmi lesquels se trouvait le tout-puissant Rupert Murdoch.

Épisode 1.1 « Nous ne sommes pas seuls », *Aux frontières du réel*, 10 septembre 1993

Le corps d'une jeune femme morte dans des circonstances mystérieuses a été trouvé dans un bois, dans l'État d'Oregon. On fait appel au FBI, car il s'agit du quatrième incident de ce genre, les victimes étant toutes des élèves de la même classe à l'école secondaire. Scully a un aperçu de la psyché de Mulder quand celui-ci saute immédiatement à la conclusion que ces jeunes filles, tout comme sa sœur, ont été enlevées par des extraterrestres. Scully veut bien comprendre son besoin d'échafauder une pareille théorie, et d'ainsi conserver l'espoir de revoir sa sœur disparue, mais elle est sceptique... Jusqu'à ce qu'on ouvre le cercueil de la jeune fille et qu'on y découvre le cadavre difforme d'un être qui n'a rien d'humain. On soupçonne un complot de la police locale, ce qui semble confirmé par un incendie suspect et par la disparition du cadavre. Tout semble accuser un des adolescents, le fils du shérif, qui est dans un état quasi végétatif. Au cours de leur enquête, Scully et Mulder ne récoltent qu'une seule pièce à conviction : un petit cylindre métallique inséré dans le nez d'une des victimes. Ils le remettent à un homme connu sous le nom de l'Homme à la cigarette, qui le place dans un dépôt du Pentagone.

« Ça ne durera pas », tranche un critique après la diffusion du premier épisode.

Le pilote a pourtant tous les éléments qui feront de la série un énorme succès : la finale non résolue, les thèmes sombres et

Les discussions intellectuelles qui opposent constamment la rationnelle Scully et son extravagant collègue sont au cœur de la dynamique de la série.

tabous, les détails troublants, les trucages effrayants, la dicho-
tomie entre la réalité et la science-fiction... En un mot, tout pour
inspirer de la frayeur.

Cet épisode récolte de bonnes critiques, parmi lesquelles ce
commentaire de Tony Scott, du *Daily Variety* : « Avec cette nouvelle
série, les amateurs de science-fiction et de mystère ont quelque
chose à se mettre sous la dent. Si les prochains épisodes gardent
le même rythme et sont aussi bien réalisés, cette production sur les
ovnis pourrait connaître un envol météorique et être la meilleure
de la saison. » Walt Belcher, du *Tampa Tribune*, pressent que cette
série va séduire un grand nombre de fans : « Cette histoire sinistre
pourrait bien être un énorme succès. Elle deviendra à coup sûr
une émission-culte. » Noel Holsten, du *Minneapolis Star-Tribune*,
abonde dans son sens : « C'est la première fois, depuis Darren
McGavin et ses monstres dans *The Night Stalker*, qu'une série aussi
absurde ou aussi distrayante voit le jour. »

Toutefois, les cotes d'écoute sont plutôt moyennes, et certains
critiques mettent en doute la longévité de la série. « La dissimulation gouvernementale y est décrite avec juste ce qu'il faut de
paranoïa, écrit Joyce Miller dans le *San Francisco Examiner*. Le
problème, c'est que la série elle-même semble destinée à finir
dans les archives de la télé en tant que phénomène éphémère... »
Heureusement, au fur et à mesure des épisodes, qui conservent le
même cachet et la même approche étrange, les critiques devien-
nent plus enthousiastes : « À classer dans les émissions "à voir
absolument", écrit Matt Roush dans *USA Today*. La série *Aux frontières du réel* ne cesse de s'améliorer, devenant de plus en plus
étrange, de plus en plus effrayante. »

En l'espace de quelques semaines, la série est sur sa lancée et
il devient évident qu'il ne s'agit pas là de scénarios ordinaires.
Au cours de la première saison, on y rencontre des êtres qui
s'approprient le corps de leurs victimes, un mutant qui se nourrit
de chair humaine, une bête diabolique qui traque des proies
humaines, des vers parasites qui s'emparent du cerveau de leurs

victimes, des humains possédés par des esprits extraterrestres, des phénomènes de télékinésie, des clones, des médiums et, bien entendu, des ovnis. Les titres sont tout aussi étranges : « Gorge profonde », « Le diable du New Jersey », « Lazare », « Entité biologique extraterrestre », « Compressions ».

Pendant toute la durée de la série, Gillian aura à accomplir des choses sortant de l'ordinaire, les deux plus bizarres étant sûrement la fois où elle doit manger un grillon en chocolat et celle où elle se bat contre un chat en peluche. Dans l'épisode « Faux frères siamois », les deux agents enquêtent dans une ville peuplée de phénomènes de foire. Un personnage appelé l'Énigme, au corps entièrement couvert de tatouages, mange des grillons vivants. Mise au défi, Scully accepte d'en avaler un. Les producteurs font fabriquer un grillon en chocolat au coût de 1400 $ pour que Dana le mange devant la caméra. Cependant, l'actrice se prend au jeu : « J'avais devant moi cet homme qui se vidait un gros bocal plein de grillons dans la bouche. Les insectes se promenaient partout sur sa figure et sur sa tête, descendaient dans son dos. Quand il m'a tendu le bocal, tout en mastiquant, je me suis sentie obligée de prendre un grillon et de le mettre dans ma bouche. C'était une espèce de défi que je m'imposais. Mais après avoir tourné le dos à la caméra, j'ai recraché l'insecte. »

Quant à l'épisode où Scully se bat contre un chat en peluche, il s'agit de « Malédiction ». Gillian étant allergique aux poils de chat, l'équipe lui concocte un mannequin recouvert de fourrure de lapin. « C'est la chose la plus stupide que j'aie jamais faite ! Trois heures de prises de vues à me battre et à me rouler par terre avec ce faux chat recouvert de fourrure de lapin... Les poils se détachaient, m'entraient dans les narines et collaient à mon rouge à lèvres. C'était ridicule. »

Les cotes d'écoute de la série, sans être spectaculaires, sont respectables. Pour Gillian, cette période de sa carrière est sans doute la plus éprouvante qu'elle ait connue jusque-là. Ayant

Duchovny laisse parfois paraître son impatience devant l'inexpérience de Gillian, mais, dès le milieu de la première saison, la jeune actrice maîtrise parfaitement son rôle.

comme covedette un acteur de métier et ne disposant quant à elle d'aucune expérience télévisuelle, elle doit faire beaucoup d'efforts pendant cette première année pour prendre davantage d'assurance. Certains appellent cela le « syndrome de l'imposteur », comme elle s'en ouvrira à l'*Observer* : « J'ai longtemps eu l'impression qu'ils allaient découvrir qu'ils avaient fait une terrible erreur. Un réseau plus important que Fox n'aurait certainement pas pris ce risque. »

En plus de savoir que le réseau lui aurait préféré une blonde bien roulée, elle doit surmonter son manque d'assurance, ce qui ajoute encore à ses inquiétudes. Son audition était si prometteuse qu'elle est angoissée à l'idée de ne pas se montrer à la hauteur. Les heures épuisantes et la nécessité de maîtriser le jargon scientifique complexe de son personnage augmentent encore la tension.

En outre, le fonctionnement routinier des coulisses de la télévision est une nouveauté pour elle, ce qu'elle admettra volontiers : « Je n'étais bonne à rien. Cela m'a pris du temps. Encore aujourd'hui, à chaque jour de travail, j'apprends quelque chose. J'ai obtenu ce rôle quand j'avais 24 ans, donc à un moment où je tentais encore désespérément de découvrir qui j'étais. » Elle reconnaîtra aussi son manque d'expérience et affirmera que Duchovny l'a beaucoup aidée : « Quand nous avons commencé le tournage de la série, j'étais inexpérimentée. C'était seulement la deuxième fois que je me retrouvais devant une caméra. J'avais drôlement besoin que quelqu'un me montre les ficelles du métier. C'est ce que David a fait. Il a été merveilleux. »

Après s'être habituée à son horaire insensé, elle doit apprendre à jouer tout en étant pressée par le temps : « Chaque jour, je ressasse dans ma tête des scènes que j'aurais pu mieux jouer. Mais avec un tel horaire, on doit se contenter de se dire qu'on fera mieux la prochaine fois. Il ne faut pas s'en faire avec ça. Il y a toujours des détails qui surviennent et qui compliquent les choses. »

Chose étonnante pour une nouvelle émission, dès le milieu de la première saison, il est difficile d'imaginer une autre actrice que

Gillian dans la peau de Scully. Le couple formé par Duchovny et elle crée déjà des vagues dans le monde de la télévision. Cela s'explique par deux facteurs : l'amélioration rapide du jeu de Gillian combinée à ses aptitudes naturelles ; et l'entente parfaite, toute spontanée, qui unit les deux partenaires à l'écran. Une telle dynamique entre deux acteurs ne peut être simulée ou atteinte à force de travail. C'est quelque chose qui existe ou pas. Lors de la première audition, quand Duchovny a lancé ses répliques d'un

En 1993, le duo Duchovny-Anderson crée des remous dans le monde de la télévision.

ton arrogant et méprisant, l'actrice a réagi comme il le fallait, en râlant. Duchovny a agi de la sorte en partie par excès d'assurance et en partie parce qu'il savait que son personnage aurait été très sceptique à l'idée de travailler avec cette scientifique cynique. Toujours est-il que la réaction défensive de Gillian, déjà très tendue à cause de l'audition, a reflété le sentiment d'indignation que devait éprouver Scully ; en effet, celle-ci commençait un nouvel emploi et était nerveuse (comme Gillian), tout en sachant qu'elle était parfaitement capable de remplir ses fonctions.

Dès leur première rencontre, les deux acteurs ont adopté un débit monotone, terne, qui semblait convenir à merveille à leurs personnages, comme Gillian le mentionnera au *Midday Show* : « Vous savez, je crois qu'en approfondissant nos personnages respectifs, en explorant l'ambiance et le climat de l'émission, nous nous sommes tous les deux installés dans ce rythme. Le fait que nous avions à enquêter dans des situations tellement incroyables, tellement différentes, nous a tout naturellement amenés à adopter ce rythme. Nous ne voulions pas jouer constamment de façon extrême. Je ne pense pas que c'était une décision consciente. Si on considère l'ambiance de la série, la façon dont les personnages ont été construits et le fait que nous étions complètement épuisés la moitié du temps, je crois que cela allait de soi. »

Bien que David soit prêt à aider Gillian, il lui arrive de laisser paraître sa frustration devant la naïveté de sa partenaire, comme l'explique David Nutter, un des réalisateurs de l'émission : « Au début, elle avait de la difficulté à se souvenir de ses répliques, et je pense que cela énervait David parce qu'il est très perfectionniste. Il a joué dans des longs métrages. Il a tourné avec Brad Pitt. Et il peut apprendre ses répliques en un rien de temps. Par contre, je sais qu'il appréciait les efforts qu'elle faisait. » Au milieu de la première saison, Gillian est beaucoup plus à l'aise. Dans l'épisode « Le Message », au cours duquel le père de Scully meurt d'une crise cardiaque, elle joue de façon brillante. Nutter est impressionné : « J'ai été très touché par sa capacité d'être tout à fait honnête, de ne rien cacher dans ces scènes émouvantes. » Cet épisode marque aussi un changement de cap, en ce sens que Mulder n'est désormais plus l'unique centre d'attention, comme c'était le cas depuis le début. Gillian commence à amener son personnage au même niveau que celui de son collègue.

Peu à peu, les craintes de Duchovny se dissipent devant l'amélioration du jeu de Gillian. Celle-ci a plus d'aplomb, sa confiance en elle augmente, et tout cela fait boule de neige. À la fin de la saison, le duo Mulder-Scully est véritablement soudé. De toute évidence, Duchovny éprouve le plus grand respect pour sa partenaire : « Lors du tournage de l'émission pilote, il faisait un froid de canard et nous étions debout sous une machine à pluie pendant que l'équipe essayait d'obtenir le meilleur effet. J'avais vraiment hâte d'en finir et de rentrer à la maison, mais Gillian était infatigable. Elle est restée plantée là, souhaitant que cela devienne encore plus froid et plus mouillé. Elle a même tourné sa figure vers la machine à pluie en lançant : "Envoyez-moi plus d'eau !" Elle est coriace, elle ne se laisse pas abattre facilement. »

À la fin de la saison, *Aux frontières du réel* est devenue ce qu'on appelle poliment une « série-culte ». Cela signifie que ses cotes d'écoute sont plutôt moyennes, qu'elle monopolise l'attention d'un groupe d'excentriques sur Internet et que ses produits dérivés se vendent bien. Heureusement, le réseau Fox est suffisamment satisfait pour commander une autre série. Compte tenu de la case horaire traditionnellement problématique du vendredi soir, c'est un gros succès (bien que de nombreux fans admettent enregistrer l'émission pour la regarder le lendemain matin). Ce succès est d'autant plus étonnant que Fox misait sur une autre série « scientifique » diffusée le même soir, *The Adventures of Brisco County Jr.* ; *Aux frontières du réel* partait donc perdante. Quant à Gillian, elle est époustouflée par cette réussite. Elle se fixe un nouveau but : « J'aimerais bien visiter le bureau principal du FBI. C'est ma résolution du Nouvel An ! »

La naissance de Piper Maru

« J'avais l'intuition que cette série serait une réussite, mais je ne crois pas que je réalise vraiment ce qui m'arrive. Parfois, en circulant dans une rue canadienne, je me surprends à penser. "Je suis au Canada. Comment suis-je arrivée ici ?" »

Gillian Anderson

Au début de l'hiver 1993, le réseau Fox donne une réception afin de célébrer le succès grandissant d'*Aux frontières du réel*. Parmi les invités entassés dans la salle se trouvent quelques médiums et spécialistes du paranormal qui ont été invités pour mettre du piquant dans la soirée. Gillian s'assoit aux côtés de Debi Becker, une médium réputée. Cette dernière se tourne vers l'actrice et lui dit : « Vous allez avoir une petite fille. »

« C'est complètement ridicule », pense Gillian. D'abord, elle vient tout juste de décrocher le meilleur rôle de sa carrière, dans une série qui promet en outre de devenir extrêmement populaire. Enfin, elle n'a pas l'intention d'avoir des enfants tout de suite. N'empêche, la réception est réussie.

Deux mois plus tard, Gillian est enceinte d'une petite fille.

Une année seulement s'est écoulée depuis que Gillian a reçu son dernier chèque de chômage. Au cours de l'été, elle a entrepris le tournage d'*Aux frontières du réel* et, dès l'automne, elle a

Au fur et à mesure que la popularité de l'émission croît, l'image de Gillian se transforme perceptiblement, passant de l'agent du FBI collet monté à la séductrice épanouie.

rencontré celui qui deviendrait son mari deux mois plus tard. L'année suivante, elle sera mère. Pas mal pour quelqu'un qui travaille seize heures par jour, parfois six jours par semaine !

Il est évident qu'avec un horaire de travail aussi chargé, les relations doivent être harmonieuses entre les membres de l'équipe. C'est donc sur le plateau que Gillian fait la connaissance de Clyde Klotz, un directeur artistique allemand qui s'est joint à l'équipe peu de temps après le tournage du pilote. C'est un homme gentil, affable et souriant, respecté par ses collègues. Gillian est immédiatement attirée par lui, mais affirme qu'il ne s'agit pas d'un coup de foudre : « Il me plaisait beaucoup, et je crois que je lui plaisais aussi. Nous sommes sortis ensemble à quelques reprises, juste pour voir... Mais ce n'était pas un coup de foudre. Je ne me suis pas évanouie ni rien de ce genre. »

Après leur première sortie ensemble, Gillian l'invite dans sa roulotte pour manger des sushis (il y a fort à parier qu'en apprenant cela, des millions d'hommes sur la planète vont se précipiter pour manger la même chose). Clyde et elle s'aperçoivent qu'ils s'entendent à merveille. « C'est son sourire qui m'a d'abord séduite, raconte Gillian. Il était très calme, silencieux et bourru, mais j'ai vite réalisé qu'il avait beaucoup à dire et qu'il était très intelligent. » Ils commencent à sortir ensemble en septembre 1993. En l'espace de deux mois, leur relation tourne à l'aventure passionnée et Clyde la demande en mariage. Il décrit ainsi cette période : « Nous avions l'impression que nous nous connaissions depuis toujours et que nous avions enfin fini par nous rencontrer. » Ce n'est pas la première fois que Gillian se fiance, mais elle préfère ne pas entrer dans les détails : « Je me suis déjà fiancée, avec la bague et le repas de fiançailles officiel, et c'était quelque chose de plutôt guindé. Mais cette fois, ç'a été si facile, si simple. Nous étions en train de regarder la télé et nous nous sommes interrompus juste le temps de la demande en mariage. »

L'histoire d'amour passionnée de Clyde Klotz et Gillian Anderson atteint son point culminant sur un terrain de golf à Hawaï, où ils s'unissent devant un prêtre bouddhiste.

Leurs fiançailles durent « moins d'un mois et plus d'une semaine ». Ils se marient le 1er janvier 1994, seuls, et dans un endroit plutôt inhabituel. Gillian a envoyé une lettre à ses parents pour leur annoncer la nouvelle, en les enjoignant de ne l'ouvrir que le 1er janvier. Les deux tourtereaux se retrouvent donc seuls face à un prêtre bouddhiste qui célèbre la cérémonie au terrain de golf de Kauai, à l'emplacement du 17e trou. Clyde et Gillian sont en vacances à Hawaï et le prêtre leur a suggéré cet endroit, à son avis idéal pour un mariage. Après s'être unis sur le *green,* les deux amoureux scrutent le ciel pour y apercevoir des ovnis : « Il était 2 h du matin, nous étions sur une colline et il bruinait. Nous avons observé le ciel en tentant d'imaginer de quelle façon un ovni y apparaîtrait... Nous sommes restés là un long moment. » Deux jours plus tard, Gillian retourne à ses ovnis fictifs sur le plateau d'*Aux frontières du réel.*

Pendant sa lune de miel, elle s'est fait tatouer la cheville droite à Tahiti, par un homme couvert de tatouages et répondant au nom de George. Celui-ci a utilisé, ce qui n'était pas pour rassurer Gillian, une trousse à tatouage maison composée d'une aiguille à coudre, d'un vieux rasoir électrique et d'une brochette à chiche-kebab en métal branchée dans une batterie d'accumulateurs. L'homme a réalisé le tatouage en l'espace de dix minutes. Sur le plateau, on doit camoufler celui-ci sous un pansement adhésif.

À leur retour à Vancouver, les nouveaux mariés achètent une maison comprenant trois chambres à coucher. Toutefois, dès le début, ils ne se sentent pas à l'aise dans leur nouvelle demeure. Ils se sentent épiés, envahis. Un de leurs amis leur conseille de s'adresser à un Amérindien qui purifie les maisons en les débarrassant des forces malveillantes qui y règnent. Ils appellent donc l'homme en question. Après sa visite, leur sentiment de malaise disparaît.

Si Gillian et son mari pensaient que les choses seraient enfin plus simples, ils se trompaient : peu de temps après leur retour, la jeune femme s'aperçoit qu'elle est enceinte. D'après ses calculs, le bébé aurait été conçu pendant leur nuit de noces. C'est un grand choc ; cette nouvelle est à la fois bonne et mauvaise. Ils désirent tous les deux cet enfant, mais leurs carrières respectives, surtout celle de Gillian, sont très exigeantes. La série commence à peine à acquérir son rythme, et l'actrice doit envisager un arrêt de travail prolongé. Comment l'équipe va-t-elle réagir ? Comment le réseau Fox va-t-il accueillir la nouvelle ? Devrait-elle garder le bébé ?

Interviewé par *US Magazine,* Clyde décrira cette période comme extrêmement difficile : « Nous nous sommes assis en silence, en nous demandant : "Mon Dieu, quelles seront les répercussions ?" Je suppose que Gillian imaginait le pire, mais elle n'est pas du genre à verbaliser ses craintes. Elle ne veut pas tenter le destin. » Une foule de questions leur traversaient l'esprit. Gillian confiera à *TV Week* : « Je devais décider si je gardais l'enfant ou non. Je savais que je risquais de perdre mon emploi si je le gardais. Je savais aussi que si je ne perdais pas mon emploi, je souhaiterais probablement l'avoir perdu, parce qu'il me faudrait affronter beaucoup de gens à ce sujet. Quand j'ai constaté que j'étais enceinte, la réalité m'a frappée en pleine figure. Allais-je perdre l'occasion d'interpréter un personnage aussi intéressant et de faire partie d'une équipe de gens si merveilleux ? Mais j'avais aussi le sentiment que je devais aller au bout de cette grossesse, que tout finirait par s'arranger, peu importe comment. »

Cette attitude philosophique est très bien, mais Gillian a tout de même signé un contrat avec la Fox et sa grossesse va avoir d'importantes répercussions. Plutôt que d'avertir immédiatement les producteurs, elle en parle d'abord à David Duchovny pour voir sa réaction et lui demander son opinion sur la situation. Ce n'est pas encourageant : il est assommé par la nouvelle. Au bout de quelques instants, il se ressaisit et lui dit que si elle désire garder l'enfant, il est de son côté. Elle est soulagée, mais il lui faut maintenant affronter son patron et le convaincre que sa grossesse ne mettra pas la série en péril.

Si on se reporte à des séries précédentes, les risques sont élevés. La série *Beauty and the Beast (La Belle et la bête),* mettant en vedette la ravissante Linda Hamilton, a vu ses cotes d'écoute dégringoler après la grossesse de l'actrice. Un des membres de l'équipe de cette série travaille maintenant pour *Aux frontières du réel* et il ne cache pas son désaccord face à la grossesse de Gillian. Quant au créateur de la série, Chris Carter, il est soit mécontent, soit compréhensif, selon les témoignages. Un des membres de l'équipe racontera : « Il est entré dans une rage folle, il voulait se débarrasser d'elle. » Gillian elle-même dira avoir entendu des rumeurs à ce propos. De leur côté, les producteurs sont furieux qu'une actrice à qui ils ont accordé une chance aussi extraordinaire (qui plus est, contre leur gré) ait le culot d'avoir un enfant juste après une première saison réussie. Cela suppose d'autres auditions et une foule d'inconvénients. Mais que pourrait-on attendre d'autre de la part d'un producteur ?

Cependant, Carter niera plus tard avoir réagi ainsi et affirmera qu'il était prêt à donner son appui à Gillian : « Je n'ai jamais, au grand jamais, envisagé de la remplacer. C'est un mensonge. En fait, je disais même à qui voulait l'entendre : "Nous devons protéger cette actrice et cette série. Les téléspectateurs sont attachés à Mulder et Scully, ces personnages sont le secret du succès de la série, et nous devons trouver une façon de faire face à la situation." » Gillian expliquera au magazine *Starlog* : « Il était atterré. C'était compréhensible, tout le monde l'était. C'était un risque énorme que d'aller de l'avant malgré tout. Je ne pense pas que Chris était très content... » Mais celui-ci finit tout de même par insister pour qu'elle reste dans l'équipe.

C'est une bonne chose pour Gillian qu'ils décident de composer avec la situation, car elle ne peut s'imaginer mère à plein temps et croit que la frustration d'avoir abandonné sa carrière aurait pu entacher sa relation avec son enfant. Bien que tout semble s'arranger pour le mieux, Clyde, pressentant qu'un conflit d'intérêts est inévitable, quitte peu de temps après l'équipe de tournage. Au début, il tue le temps en sculptant un lit à colonnes pour leur luxueuse maison. Il travaille ensuite sur quelques longs métrages, puis commence à créer des émissions pour la compagnie Mainframe Entertainment, dont la production la plus importante est une série pour enfants entièrement animée par ordinateur et intitulée *Reboot*.

« Eh oui, j'ai pris 23 kilos. J'ai fait pas mal d'embonpoint pendant un certain temps. »

Épisode 1.24 « Les Hybrides »

Le Dr Bérubé est un savant qui travaille pour le gouvernement. Mulder et Scully s'intéressent à lui en raison de sa participation à des expériences où l'ADN d'extraterrestres est cloné et implanté dans le corps d'êtres humains en phase terminale. Les deux agents cherchent à faire la lumière sur cette affaire avec l'aide de leur conseiller habituel, l'énigmatique Gorge profonde. À la fin de l'épisode, ce dernier est assassiné, les pièces à conviction sont détruites et, fait encore plus consternant, le service des dossiers X est fermé (malgré son taux de réussite de 75 %, un résultat largement supérieur à ceux obtenus par la plupart des services du FBI). Mulder et Scully doivent être réaffectés.

Un des éléments les plus remarquables d'*Aux frontières du réel*, c'est que chaque épisode est écrit et produit en seulement huit jours. Comme la majorité des épisodes de la deuxième saison ne sont pas encore écrits, Chris Carter sait qu'il peut composer avec la grossesse de Gillian. La façon dont l'équipe de scénaristes exploite la grossesse de l'actrice pour servir les besoins de la série et les incroyables intrigues qui résultent de ces efforts font qu'à la fin de la deuxième saison, la série est aussi innovatrice et irrésistible que n'importe quelle autre en ondes.

Mulder porte un crucifix autour du cou. Il appartient à Scully, sa partenaire, qui a disparu sans explication. Elle a d'abord été enlevée par Duane Barry, un patient évadé d'un hôpital psychiatrique qui a déjà pris plusieurs personnes en otages. Barry prétend être en contact avec des extraterrestres et tente désespérément de leur offrir quelqu'un en sacrifice. Mulder se lance à la poursuite de Barry et de sa prisonnière, risquant sa vie dans un téléphérique, mais quand il finit par retrouver le fugitif, Scully n'est plus là. Le service des dossiers X est réouvert.

À partir du moment où la grossesse de Gillian devient évidente, l'équipe a de plus en plus de difficulté à contourner la situation. On a recours à des jeux de caméra ingénieux pour tourner des gros plans de la figure de Scully, pour la filmer de

Une fois la décision prise de garder Gillian Anderson dans la série malgré sa grossesse, l'équipe de production fait preuve de beaucoup d'ingéniosité pour composer avec la situation.

dos, assise ou en train de faire une autopsie. Pour certaines cascades, on utilise une doublure. La plupart du temps, on camoufle sa silhouette sous le désormais célèbre imperméable. («Je porte un imper aussi souvent que David dans la série, mais c'est à moi qu'on fait des commentaires. En fait, un imper est une nécessité dans une ville humide et froide comme Vancouver, et je suis bien contente d'en porter un.»)

Compte tenu du choc initial et de la surcharge de travail que sa grossesse suppose pour tout le monde, Gillian est chanceuse : l'équipe se donne beaucoup de peine pour s'adapter à sa nouvelle silhouette et respecter sa condition physique plus fragile. On lui apporte souvent un siège pour qu'elle puisse s'asseoir entre les prises de vues et on lui déniche un lit de camp pour qu'elle puisse s'allonger quand elle est fatiguée. On raconte même à la blague que le caméraman a dû acheter un objectif grand-angulaire. Maintenant que ses collègues savent qu'elle est enceinte, ils sont aux petits soins pour elle. Toutefois, elle se souvient du tournage d'un épisode pendant la période où elle ne savait pas encore qu'elle portait un enfant : elle devait être atteinte d'un coup de feu et tomber à la renverse sur un plancher dur. Prise après prise, enveloppée de coussinets de protection, elle s'était inlassablement lancée sur le sol. Le soir venu, elle était couverte de bleus. Deux semaines plus tard, elle découvrait qu'elle était enceinte.

À mesure que la date de l'accouchement approche, il devient nécessaire de réduire les apparitions de Scully ; elle est devenue trop grosse pour que ça ne paraisse pas à l'écran, sans compter qu'elle n'est plus assez en forme pour tenir le coup. Gillian n'est pas vraiment en position de se plaindre, mais elle est frustrée par la tournure des événements. Elle commence à peine à approfondir son personnage et à imposer sa présence dans la série, et voilà que Mulder reprend sa place sous les projecteurs.

Elle racontera au *Philadelphia Enquirer* que sa grossesse a changé son comportement et, par le fait même, celui de Scully : «Quand j'étais enceinte, j'ai connu une espèce de bouleversement.

Ce qui se produit dans le corps d'une femme lorsqu'elle est enceinte, les fluctuations hormonales, les sautes d'humeur, les changements de comportement, tout ça a fait de moi une personne différente. Et je crois, d'une certaine façon, que Scully est également devenue une personne différente pendant cette période. » Une des conséquences de ces changements hormonaux est son soudain désir, comme bien des femmes enceintes, de se faire couper les cheveux. Mais les producteurs, bien sûr, ne veulent rien entendre.

Quand le moment d'accoucher arrive, Chris Carter ne lui accorde pas un congé de maternité : il la fait enlever par des extraterrestres.

La patiente perd beaucoup de sang, et le bébé semble incapable de sortir. Les spécialistes masqués qui entourent le lit secouent la tête, inquiets. Un assortiment d'appareils et de tubes font entendre leurs bips-bips dans la pièce froide et stérile.

Il ne s'agit pas là d'un épisode d'*Aux frontières du réel*, mais bien de l'accouchement de Gillian Anderson. Tout a commencé normalement, 12 jours après la date prévue. Toutefois, comme la tête du bébé est trop grosse, on doit procéder de toute urgence à une césarienne. On administre du Tylenol et de la codéine à la patiente pendant la durée de l'intervention. Heureusement, tout se déroule bien et elle donne naissance à la petite Piper Maru Anderson, pesant 8 lb 10 oz (3,91 kilos). Celle-ci voit le jour en septembre 1994, un peu plus d'un an après que ses parents se soient rencontrés.

Son père, qui est d'origine allemande, a trouvé ce prénom inhabituel dans un de ses anciens annuaires d'école. Son parrain est Chris Carter, l'auteur d'une des plus bizarres séries télévisées de la planète. Sa mère tient le rôle principal de cette émission. Une enfance intéressante s'annonce pour cette enfant mi-canadienne, mi-américaine.

Après un accouchement aussi difficile et une césarienne imprévue, Gillian est plutôt mal en point et espère pouvoir récupérer pendant un certain temps. Ce en quoi elle se trompe : quand elle communique avec les producteurs pour leur demander un mois de congé, ils lui annoncent qu'elle fait partie du prochain épisode.

La grossesse de Gillian a déjà donné lieu à des scènes brillantes. À la suite du kidnapping et de la disparition de Scully, Mulder a dû enquêter seul dans « Les Vampires ». Dans cet épisode, il s'intéresse à une série de meurtres qui semblent être commis par la Trinité, un trio de tueurs assoiffés de sang. Au cours de son enquête, il est irrésistiblement attiré par Kristen Kilar, une séduisante vampire. Il a une relation sexuelle avec cette femme qui, dans la vie, n'est autre que sa petite amie, Perrey Reeves.

Cette intrigue a déplu aux fans de la série : scandalisés que Mulder soit infidèle à sa partenaire si tôt après sa disparition, ceux-ci ont inondé les bureaux des producteurs et l'Internet de plaintes. Dans une des scènes, Mulder imagine Scully kidnappée par des extraterrestres qui font des expériences sur elle et donnent à son ventre des proportions démesurées. Cette fois-là, on n'a pas eu besoin de trucages : Gillian était enceinte de huit mois. C'était un bon épisode, mais il y manquait ce contact entre les deux partenaires que les fans appréciaient tant. Mulder était perdu sans Scully, aussi bien dans le scénario que dans la production. Les deux étaient inextricablement liés.

Au cours de l'épisode « Coma », le huitième de la deuxième saison, on assiste au retour de Scully. Elle apparaît mystérieusement dans un hôpital de Washington D.C. Elle est dans le coma et est maintenue en vie par des appareils. Son esprit est visité par son père décédé qui la convainc de revenir au monde des vivants. Peu de temps après avoir repris conscience, elle découvre qu'elle a une espèce de puce électronique extrêmement perfectionnée à la base du cou. Elle ne sait pas si celle-ci a été implantée par des savants du gouvernement menant des expériences avec de l'ADN d'extraterrestres ou par des envahisseurs venus d'une autre planète.

Afin de ne pas trop retarder l'horaire de tournage, Gillian ne prend qu'un congé de 10 jours avant de recommencer ses journées de travail de 16 heures. C'est ainsi qu'elle a pu accoucher et revenir à la production sans presque qu'il n'y paraisse et sans trop affecter la série. L'actrice se dira impressionnée par la flexibilité de l'équipe : « D'un côté, c'était dur, mais de l'autre, c'était assez facile. Il y avait tant de choses que j'étais incapable d'accomplir et que la caméra ne pouvait pas faire. On ne pouvait me filmer que sous certains angles. Je trouve que l'équipe a accompli un travail incroyable compte tenu des circonstances. »

Pendant son congé de 10 jours, elle en passe 6 à l'hôpital pour se remettre de sa césarienne. Heureusement que Scully est

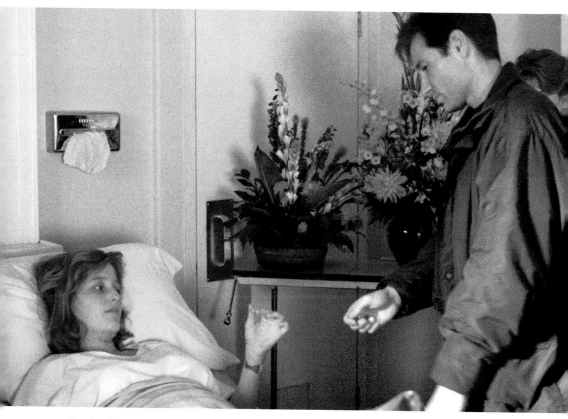

En plus de permettre à Gillian d'avoir un court congé de maternité, l'enlèvement de Scully enrichit considérablement l'intrigue et la relation entre les deux personnages.

dans le coma pour le premier épisode ; en fait, l'actrice est si fatiguée qu'il lui arrive souvent de tomber endormie pendant le tournage. Étant donné que son ventre porte une cicatrice toute fraîche et des bleus résultant de l'intervention chirurgicale, on n'utilise presque pas de maquillage. À un certain moment, elle se met à somnoler et continue à entendre les acteurs qui disent leurs répliques à ses côtés. Mais comme elle est à moitié endormie, elle pense qu'elle rêve et leur répond à voix haute. Tout le monde s'esclaffe, mais il faut recommencer cette prise, qui était justement parfaite... Pour l'épisode suivant, elle n'a pas la tâche aussi facile, comme elle le confiera à *BC Woman* : « Je passais mon temps à courir et à sauter dans cet épisode. C'était dur physiquement, et aussi émotionnellement. J'ai beaucoup pleuré. C'était horrible. Je n'avais qu'une envie : démissionner et retourner près de mon bébé. Mais si j'avais fait ça, je me serais retrouvée avec un procès pour rupture de contrat. »

L'actrice étant épuisée à cause de ses nuits sans sommeil, on doit recourir à certains artifices : « Quand le directeur de la photographie chuchote quelque chose à l'oreille de la maquilleuse et que celle-ci vient ensuite me mettre du cache-cerne sous les yeux, je comprends ce qu'il vient de lui dire. Je suis continuellement épuisée. La moindre sieste est une véritable bénédiction. Je dors en moyenne cinq heures par nuit, mais avec mon horaire de travail complètement dingue, ce n'est pas suffisant. »

En dépit de ces problèmes, cette période se déroule sans anicroche grâce à la créativité de l'équipe et au travail acharné de Gillian. Chris Carter racontera plus tard : « Je suis très satisfait. La grossesse de Gillian a apporté beaucoup à l'émission au lieu de lui nuire. » C'est aussi l'avis de Duchovny, qui déclarera à *US Magazine* : « Les épisodes où on voit des monstres sont divertissants, mais ce qui rend cette série intéressante, ce sont les intrigues qui s'étalent sur plusieurs semaines. Et je ne suis pas sûr que nous aurions découvert cela si ce n'avait été de la grossesse de Gillian. Celle-ci est d'ailleurs d'accord avec moi. » Toutefois, devant une telle créativité, Gillian ressent davantage de pression : « La série a tellement de succès et les auteurs ont fait tant d'efforts que je me suis sentie obligée de revenir le plus tôt possible. »

Elle a donc repris le collier, mais il est vital qu'elle s'occupe de son nouveau-né. Son horaire de travail doit s'adapter aux besoins du bébé. Heureusement, les 30 000 $ qu'elle gagne à chaque épisode couvrent largement le salaire d'une bonne d'enfants, même très chère. Comme Gillian a choisi d'allaiter son bébé, la bonne lui emmène la petite tous les jours sur le plateau. Dans le cadre d'une conversation en téléconvivialité sur Internet,

Gillian explique à ses fans comment elle réussit à tout concilier : « D'abord, je suis très chanceuse, car je peux emmener Piper avec moi tous les jours. Habituellement, quand je pars tôt le matin, je la laisse à la maison avec la gardienne, puis j'envoie quelqu'un les chercher vers 10 h. Piper passe ensuite le reste de la journée avec moi. Lorsque je sais que je devrai travailler très tard, je l'emmène avec moi le matin, puis elle retourne à la maison en début de soirée pour aller dormir. »

Sur le plateau, tout le monde réagit positivement à la présence de Piper. Chris Carter, en tant que parrain, est bien sûr ravi de la voir, mais il doit souvent se rendre à L.A. pour rencontrer les scénaristes. Quant aux autres membres de l'équipe de production, ils sont très compréhensifs : « Ils sont tous très contents. Plusieurs d'entre eux ont des enfants. Ils font tout ce qu'ils peuvent pour m'aider, car ils trouvent que j'ai pris la bonne décision. » Au cours des premiers mois, Piper passe la plupart de ses journées avec sa nounou dans la grande roulotte gris acier de sa célèbre mère, qui vient lui faire un câlin entre les prises. Dans la roulotte, qui est aussi occupée par Cleo, le gros mastiff napolitain de Gillian (qui a remplacé son iguane), on entend continuellement de la musique, notamment Portishead, Alanis Morissette, Counting Crows, Mozart, Miles Davis et Dead Can Dance.

Au début, on continue d'utiliser la doublure qui a remplacé Gillian à certains moments de sa grossesse, car l'actrice n'a pas complètement retrouvé la forme. Il faudra encore plusieurs mois avant qu'elle puisse faire face aux scènes les plus exigeantes de l'émission : « Je voudrais bien qu'il en soit autrement, mais mon corps n'est pas encore revenu à la normale. Mes mouvements sont déséquilibrés, saccadés... Quand je monte ou descends l'escalier, il m'arrive de sentir mes genoux céder sous moi. L'équipe doit veiller à ne pas me faire entreprendre des choses qui demandent trop d'énergie. »

Gillian s'aperçoit qu'*Aux frontières du réel* a maintenant un nombre imposant de fidèles, envers qui elle estime avoir des obligations, comme en fait foi sa confidence au *Telegram Tribune* de Californie : « Je suis extrêmement privilégiée de jouer dans cette série. Nous avons tant de téléspectateurs à présent qu'il aurait été très égoïste de ma part de quitter l'équipe à un moment où des millions de gens suivent religieusement les épisodes. »

Chose étonnante, malgré la somme de travail incroyable qu'elle doit abattre, Gillian ne s'inquiète pas pour elle-même, mais pour son mari : « Il ne s'en sort pas trop mal. L'arrivée d'un nouveau-né, c'est toujours un plus grand choc pour le père ; c'est plus facile pour la mère parce qu'elle a tout le temps de préparer son corps et son esprit, avec l'aide des hormones. Les hommes sont moins préparés que les femmes à affronter le manque de sommeil. Mais Clyde se débrouille bien. Il est fou de Piper. Quant à la petite, elle a une personnalité farouche et s'est bien adaptée à la situation. »

L'actrice a le sentiment que la naissance de Piper lui a donné une autre vision de la vie, ce qui n'est pas négligeable dans le monde superficiel de la télévision : « Je suis beaucoup plus heureuse aujourd'hui. Tout me semble moins important depuis qu'elle est là. Je suis devenue plus courageuse, plus forte. Je me souviens avoir pensé, pendant l'accouchement, qu'il ne m'arriverait plus jamais de me plaindre d'une coupure ou d'un coup sur la tête ! » Elle ajoute qu'elle aimerait avoir d'autres enfants, mais pas avant que la série soit terminée : « Cette expérience est la chose la plus difficile que j'aie jamais faite. »

Tous ces efforts, combinés à la flexibilité, à la créativité et à la collaboration des membres de l'équipe, finissent par porter fruit : à la fin de la deuxième saison, les cotes d'écoute montent en flèche. Le réseau Fox commence même à rediffuser les épisodes de la première saison le dimanche en soirée afin d'attirer plus de téléspectateurs ce soir-là. La série *Aux frontières du réel* semble en voie de devenir un succès encore plus gigantesque.

Au début, Gillian s'efforce de protéger l'intimité de sa famille, mais, en raison de sa popularité grandissante et de son horaire de travail mouvementé, elle ne peut éviter que sa fille attire l'attention des médias.

Une série subversive

Malgré son immense popularité, ses nombreux trophées et la renommée internationale de ses deux vedettes, *Aux frontières du réel* est une série subversive. Qui plus est, elle est subversive sur plusieurs plans. Prenons par exemple les thèmes qu'elle aborde : ils vont de l'horreur à la science-fiction en passant par les phénomènes de foire, les criminels irrécupérables, les extraterrestres et les complots gouvernementaux. On y retrouve pratiquement tous les tabous imaginables.

Le deuxième épisode de la quatrième saison, intitulé « Le Village », est un bon exemple de cette tendance. Allant aussi loin que peut se le permettre une émission de grande écoute, cet épisode commence par des images à donner la chair de poule : la naissance d'un bébé difforme, qui est ensuite enterré vivant. L'intrigue se concentre sur une famille dont les membres se reproduisent par accouplements consanguins depuis des siècles. Ils ont fini par devenir difformes et par perdre toute apparence humaine, leur bagage génétique déséquilibré laissant de plus en plus transparaître leur nature animale. Les derniers survivants de cette famille sont trois hommes dont les parents sont supposés avoir péri dans un horrible accident de voiture. Ils vivent dans une maison qui n'a guère changé depuis la guerre civile.

Au cours de leur enquête, Mulder et Scully affrontent des êtres sauvages, une maison piégée et bien d'autres horreurs, mais ce n'est rien à côté de ce qui se cache derrière tout ça. L'épisode prend fin avec la mort de deux des frères, et on voit le troisième qui sort du coffre de sa voiture où il vient de féconder une fois de plus le pauvre corps difforme et infirme de sa propre mère. Le générique défile pendant que le couple incestueux s'enfuit vers une nouvelle vie et d'autres enfants... C'est à se demander si Chris Carter n'a pas réussi à glisser cet épisode sous le nez des censeurs et des dirigeants de la Fox. Quelle autre série pourrait se permettre de raconter, sans tomber dans le sensationnalisme, une histoire aussi révoltante, qui verse carrément dans l'horreur tout en ayant des échos de vérité ?

La popularité de la série Aux frontières du réel *découle en grande partie du jeu convaincant d'Anderson et de Duchovny.*

Un autre facteur explique le succès phénoménal de l'émission : l'équipe de scénaristes derrière Anderson et Duchovny est tout simplement géniale. Chacun des scénarios, à la fois incroyable et pseudoscientifique, est fermement ancré dans la réalité, de telle sorte qu'en voyant les réactions des deux personnages, on ne peut faire autrement qu'y *croire*. De plus, l'équipe maîtrise à merveille l'art de raconter une histoire, une vieille technique, mais utilisée ici de façon admirable. Ce n'est que lors des intrigues s'étalant sur plusieurs épisodes et faisant allusion à un complot gouvernemental qu'on risque de perdre le fil. Toutefois, même ces histoires complexes s'interrompent pour faire place aux populaires épisodes peuplés de monstres.

Contrairement à d'autres émissions, *Aux frontières du réel* ne propose pas toujours des solutions ; en fait, les épisodes se terminent plus souvent qu'autrement sur des questions que sur des réponses. Il arrive parfois que Scully, avec son esprit cartésien, trouve une explication scientifique, ou du moins « humaine ». Mais dans la plupart des cas, les énigmes ne sont pas résolues, sinon par les folles théories de Mulder, toujours animé par son besoin de croire. Étant donné que les auteurs refusent de fournir une explication claire et rationnelle pour toutes les affaires sur lesquelles enquêtent les deux agents, un climat de suspense continuel règne dans l'émission. Après chaque épisode, les fidèles de la série vont se coucher sans avoir obtenu de réponse, ce qui a un effet étrangement troublant.

La présentation aussi est dérangeante : diffusée à 21 h en Amérique et à peu près à la même heure partout ailleurs, la série baigne dans une atmosphère sombre et surnaturelle. Toutefois, son approche n'est jamais grossière ni ne tombe dans le genre « musée des horreurs ». La photographie monochrome convient parfaitement au ton monotone adopté par les deux acteurs principaux. Le manque d'éclat est délibéré, et Scully en est le meilleur exemple : pouvez-vous imaginer Pamela Anderson parcourant les États-Unis avec Mulder dans son sillage ? (C'est possible, mais tout de même...) La teinte gris sombre qui enveloppe tout ajoute encore au ton dramatique, donnant en quelque sorte une dimension visuelle à la désintégration sociale qui est au centre des intrigues. Même le célèbre indicatif musical, composé par Mark Snow, est minimaliste et sombre. Les décors sont campés dans un monde bien réel, mais semblent toujours aux frontières d'une autre dimension. Cette série rejette donc en bloc la plupart des caractéristiques hollywoodiennes : le clinquant, les histoires d'amour (un sujet dont nous traiterons plus loin), les dénouements moralistes rassurants aux réponses faciles, les maisons coquettes entourées de pelouses nettes et éclatantes. Rien que pour cette raison, la série *Aux frontières du réel* est infiniment supérieure à la majorité de ses concurrentes.

Pour donner un tour inattendu au déroulement des intrigues, on y injecte fort peu d'humour, et toujours sur un ton caustique. Quand ça se produit, le résultat est hilarant. Prenez par exemple le quatrième épisode de la quatrième saison, dans lequel le duo enquête sur un mystérieux immigrant africain. Ce dernier est né sans hypophyse et arrive à soutirer le pigment de ses victimes de race noire en insérant une aiguille dans leur nez. Lorsqu'il a terminé avec elles, leurs cadavres blanchis sont horribles à voir. Pendant que Scully procède à l'autopsie d'un de ces corps crayeux et rigides, Mulder entre dans le laboratoire, jette un œil au cadavre et lance d'un air détaché : « Si tu veux mon avis, c'est un coup de Michael Jackson... » Sans broncher, Scully poursuit ses explications. Un autre classique est l'épisode où, toujours dans le laboratoire, les deux agents observent au moyen d'un puissant microscope des tranches du tissu cérébral d'un suspect.

Tous ces éléments sont très attrayants, mais si la série avait été diffusée à une époque où la société rejetait ce genre de théories, même les scénarios les plus originaux et la meilleure production du monde n'auraient eu aucun effet. Mais *Aux frontières du réel* est apparue au moment idéal : elle avait été précédée de séries comme *The Night Stalker* et *The Prisoner (Le Prisonnier)*, et les thèmes du paranormal et du complot politique avaient déjà été abordés à la télévision. Les téléspectateurs étaient prêts à accueillir une émission de ce genre. À l'approche du nouveau millénaire, le monde entier a été submergé par tout ce qui touche au paranormal, aux croyances spirituelles, aux extraterrestres, en un mot, par le genre de sujets que propose *Aux frontières du réel*.

Mais la société n'en est pas arrivée là soudainement. Tout a probablement commencé lorsque le pilote civil Kenneth Arnold a aperçu d'étranges objets dans le ciel, au-dessus du mont Rainier, les décrivant aux médias comme des espèces de « soucoupes volantes », créant ainsi un mythe sans le vouloir. Puis, en 1947, la rumeur de l'écrasement d'un ovni à Roswell, au Nouveau-Mexique, et de la capture des membres survivants de son équipage a encore amplifié la croyance en l'existence d'extraterrestres. Bien sûr, cette croyance remonte à des temps immémoriaux, aux dieux grecs, aux Romains et aux multiples divinités et esprits naturels vénérés par les hommes de l'Antiquité.

Toutefois, la façon très moderne dont la série *Aux frontières du réel* aborde ce thème est au cœur de son succès. Depuis Roswell, la question des extraterrestres et du paranormal a connu des hauts et des bas, mais a conservé toute sa crédibilité dans le milieu des charlatans. Les gens qui y croyaient s'attiraient les regards apitoyés de leur entourage, étonné de voir des personnes si raisonnables perdre la tête pour des sornettes. Plus récemment, ce scepticisme somme toute compréhensible a commencé à s'effriter.

Le nombre toujours grandissant de gens qui affirment avoir vu un ovni ou avoir eu des expériences paranormales commence à peser dans les statistiques. Cette tendance générale a été émaillée en cours de route par divers événements, telle la parution, en 1994, du célèbre ouvrage *Abduction: Human Encounters With Aliens (Dossiers extraterrestres: l'affaire des enlèvements)*. Cette étude fort controversée est signée par le professeur John Mack, professeur résident en psychiatrie à la Harvard Medical School et écrivain réputé récipiendaire d'un Pulitzer. Sa description détaillée de centaines d'enlèvements par des extraterrestres et les témoignages des présumées victimes ont provoqué un tollé à

Harvard et un engouement chez les partisans de ce genre de théories. D'après les chiffres de Mack, 3 % des Américains, c'est-à-dire plus de 10 millions de personnes, croient avoir été enlevés par des extraterrestres! Le conseil d'administration de Harvard a mené une enquête sur Mack, tentant de démontrer que celui-ci avait encouragé les folles idées de ses patients, mais aucune accusation n'a pu être portée contre lui.

Puis, deux ans plus tard, voilà qu'on annonce la découverte sur la planète Mars de roches dont la composition en minéraux laisse supposer que la vie aurait pu se développer sur cette rude planète. Si on ajoute cela aux innombrables histoires, visions et rencontres d'extraterrestres, on se retrouve avec une collection écrasante d'indices tendant à démontrer la présence d'autres espèces vivantes dans l'univers.

Sur le plan sociopolitique également, la série n'aurait pu être diffusée à un meilleur moment. Chris Carter est un enfant du Watergate, et ce scandale a eu une grande influence sur sa façon de penser. En 1972, l'affaire du Watergate a sérieusement soulevé la possibilité que le gouvernement cachait au public des choses importantes sur le plan national. Les tentatives de Nixon pour ternir la réputation du Parti démocrate au moyen de méthodes clandestines, notamment le vol avec effraction, ont été révélées par Woodward et Bernstein. Toutefois, le pire a été la déclaration du président affirmant « qu'il n'y aurait pas de dissimulation à la Maison-Blanche ». Les révélations au cours des auditions de la commission d'enquête ont provoqué l'incrédulité et la colère, et Nixon a été acculé à la démission. En outre, à cause de la présence du tout-puissant J. Edgar Hoover à la tête du FBI, toute la question du contrôle gouvernemental baignait dans le plus grand mystère. Sa mort au début des années 70 et les révélations subséquentes de corruption ont porté un autre coup au FBI, qui faisait déjà l'objet de sévères critiques. L'ère de la paranoïa politique venait de naître. Après cette nouvelle prise de conscience, les gens se sont mis à scruter l'histoire récente et à déterrer des complots, par exemple le fait qu'un chiffre inexact avait été annoncé quant au nombre de victimes qu'avait faites la guerre du Viêt-nam. Même l'assassinat de Kennedy a été réexaminé sous l'angle de diverses théories qui en attribuaient la responsabilité à la mafia, au FBI ou à l'Islam.

La mode était lancée. L'ère de Reagan et de son successeur Bush n'a fait qu'accroître les soupçons du public envers les organes directeurs de l'État. L'affaire Irangate a révélé le rôle joué par Reagan et son vice-président George Bush, soi-disant ennemis de l'Islam, dans la vente d'armes illégales à l'Iran. En voyant le

Dans l'épisode « Faux frères siamois », Gillian doit manger un grillon en chocolat. On la voit ici en train de parler à l'Énigme, un homme qui fait partie d'un groupe de phénomènes de foire.

président des États-Unis se débattre en invoquant toutes sortes d'excuses et de justifications, l'Amérique et le reste du monde se sont mis à entrevoir l'avenir avec un malaise grandissant. La guerre froide ayant été reléguée aux livres d'histoire, de tels événements ont donné naissance à la théorie que la menace soviétique avait été remplacée par un « ennemi intérieur ». Cela a entraîné une hausse du nombre de milices populaires et de possesseurs d'armes aux États-Unis. Le fait que la plupart des Américains affirment se sentir moins menacés par les extraterrestres que par leur propre gouvernement est une indication du degré de défiance qu'ils entretiennent envers leurs dirigeants.

En Angleterre, une crise similaire est survenue avec l'affaire de « la vente d'armes à l'Irak » ; les directeurs d'une firme d'ingénieurs de Coventry risquaient la prison pour avoir vendu des

*Les efforts de Mulder et Scully pour dévoiler ce qui se cache
derrière les dissimulations du gouvernement leur méritent l'approbation
et l'admiration des téléspectateurs.*

armes à l'Irak avec l'accord du gouvernement britannique. Lorsque la guerre du Golfe a éclaté et que le pays a manifesté son indignation devant cette vente d'armes, le gouvernement s'est contenté d'observer sans intervenir pendant que des hommes innocents se faisaient condamner. Par la suite, l'affaire de « la maladie de la vache folle » qui a fait des ravages dans le cheptel britannique a amené la population à mettre sérieusement en doute l'honnêteté du gouvernement. Des incidents comme ceux-là se sont produits un peu partout dans le monde au cours des dernières décennies. Certains prétendent que de telles dissimulations ont cours depuis toujours, et que ce n'est que grâce aux médias et à l'attitude plus exigeante et sceptique du public que la vérité a été étalée au grand jour.

Mulder et Scully, en tant qu'agents dissidents du FBI, s'efforcent de lutter contre cette vague de dissimulations. Ils se heurtent à des impasses, à des manœuvres de diversion. Des individus étranges et irréels, répondant à des noms sinistres comme l'Homme à la cigarette ou Gorge profonde, leur fournissent des informations trompeuses et disparaissent aussitôt après dans la nuit. D'une certaine manière, Mulder et Scully personnifient le public, jouant tour à tour les incrédules, les cyniques et les espions. Leurs fans les acclament et les encouragent sans répit. Les célèbres slogans d'*Aux frontières du réel,* « Je veux croire » et « La vérité est ailleurs », répondent à deux aspirations profondes du public.

Au fur et à mesure que la méfiance de la population augmente, la popularité des deux agents s'accroît. Des événements comme le siège de Waco et l'attentat terroriste d'Oklahoma City sont une indication que certains individus passent maintenant du stade de la défiance à des actes beaucoup plus violents. En fait, plutôt que d'arriver à la bonne époque, la série *Aux frontières du réel* est peut-être survenue précisément *à cause* de l'époque, comme un résultat de cet ensemble de facteurs. Quoi qu'il en soit, c'est ce qui a fait de cette série un phénomène international.

Cette suspicion du public a coïncidé avec une hausse considérable du nombre de tabloïds. Au cours des dernières années, ce type de publication en est venu à jouer un rôle important dans la vie publique. L'enquête de Woodward et de Bernstein a été un point culminant, mais dans des milliers d'autres cas, la pression exercée par les tabloïds a permis d'étaler au grand jour des scandales qui seraient autrement passés inaperçus. De plus, l'approche sensationnaliste des tabloïds a alimenté la fascination du public pour les phénomènes paranormaux. Les gros titres du *National Enquirer* sont du type « J'ai marié un extraterrestre » ou « Ma fille vient d'une autre planète », mais au-delà de ces articles au ton souvent ironique, il y a des gens qui commencent à croire que ce genre de chose n'est pas impossible. Voilà pourquoi de telles publications ont un aussi gros tirage. *Aux frontières du réel* reconnaît l'influence des tabloïds et met en scène un grand nombre des histoires bizarres qu'ils rapportent. L'idée derrière cette émission est que toutes ces choses peuvent se produire, et c'est un raisonnement qui correspond à celui des éditeurs de tabloïds. Tout comme la série, ces publications font appel à la curiosité morbide des gens, misent sur la fascination séculaire qu'exercent les plus sombres recoins de la nature humaine et les incroyables possibilités d'une vie extraterrestre. La combinaison de ces deux éléments a un impact commercial énorme.

Au cours de l'épisode intitulé « L'Hôte », Scully n'a aucun indice et son enquête semble aboutir dans une impasse ; soudain, un tabloïd est glissé sous sa porte, proposant une apparente solution à l'affaire. Dans cet épisode, les deux milieux se confondent. La capacité de la série d'identifier et de refléter le mode de fonctionnement et de pensée des tabloïds joue un grand rôle dans son succès.

Cette émission est en outre une représentation fidèle des années 90. La croyance que « tout est possible », véhiculée par les tabloïds, est ultramoderne, et à cela s'ajoute tout le bazar « fin de millénaire » qui entoure les deux agents. Ils sont tous deux perdus sans leur téléphone cellulaire. Dans l'épisode où Mulder est prisonnier d'un convoi piégé, face à un adversaire hostile déterminé à le tuer, pendant qu'un extraterrestre se trouve dans le wagon de queue, il est parfaitement plausible que le téléphone de l'agent se mette soudain à sonner (au moins, ici, la réception est bonne...). Scully se sert fréquemment de son ordinateur portable ou de celui de son bureau, et on peut voir, reflétés dans ses lunettes, les détails bizarres de l'enquête en cours défiler à l'écran. Les télécopieurs, les microscopes ultrapuissants, le cyberespace, les circuits numériques les plus sophistiqués, tout y est. La série met à profit les dernières découvertes technologiques, et cela plaît beaucoup au public.

L'aspect le plus important de l'émission est peut-être l'intérêt que portent Mulder et Scully aux phénomènes paranormaux et aux extraterrestres, mais ce faisant, ils dévoilent les faiblesses de l'être humain. Les activités paranormales d'une personne révèlent souvent les angoisses ou les traumatismes qui l'habitent. Le plus ironique, c'est que Scully, et surtout Mulder, sont eux-mêmes des indésirables dans cette histoire. Ils sont relégués dans un sous-sol du FBI et on leur refile les cas les plus insolites. Le surnom de « Martien » donné à Mulder par ses collègues est une forme de critique devant le gaspillage de son talent phénoménal.

Sans compter que les deux personnages n'ont pratiquement aucune vie amoureuse ou sentimentale. Ils sont donc tous deux fort isolés. Le père et la sœur de Scully sont morts. Le père de Mulder est aussi décédé et sa sœur a été enlevée (soit dit en passant, elle regardait un reportage sur le Watergate à la télé au moment de sa disparition). Dans leur vie, ils n'ont pour ainsi dire que leur partenaire et leur travail. À l'exception de deux épisodes controversés, « Jamais plus », dans lequel Scully a un rendez-vous avec un homme, et « Le Diable du New Jersey », où Mulder vit une idylle avec une vampire, on ne parle presque jamais de leur vie amoureuse. Comme le déclarera Bruce Headlam dans le *Saturday Night Magazine* : « On s'attend presque à ce que les extraterrestres demandent à Mulder, le jour où il les rencontrera enfin : "Comment, tu n'as pas de petite amie ? Mais quel est ton problème ?" »

« Scully, il n'y a qu'en toi que j'ai confiance. »

Ce qui nous amène à l'aspect le plus controversé de la série, un élément qui a sans aucun doute fait monter les cotes d'écoute : la « tension sexuelle latente » entre Mulder et Scully. C'est un truc classique qui marche à tous coups. Leur relation trouble a probablement alimenté plus de discussions sur Internet et plus d'articles dans les magazines que n'importe quel autre aspect de l'émission. La façon inhabituelle dont cette relation est abordée dans la série et l'image que projette Scully sont des caractéristiques intéressantes dont nous discuterons plus loin.

Au fur et à mesure du déroulement de la série, les deux partenaires sont devenus inextricablement liés. Scully et Mulder forment une paire, comme Lois et Clark dans *Superman* et Dave et Maddy dans *Moonlighting (Clair de lune)*. Cependant, contrairement à ces couples, leur relation ne sera jamais consommée, comme le savent probablement les adeptes de l'émission. Chris Carter y tient mordicus : « Cette série est axée sur les intrigues, pas sur les personnages. Je me bats depuis le début pour qu'il en soit ainsi. Je refuse qu'*Aux Frontières du réel* connaisse le même sort que *Moonlighting*. Je ne veux pas que la relation entre Mulder et Scully prenne le pas sur leurs enquêtes. »

La relation entre les deux partenaires a un caractère beaucoup plus épistémologique que sexuel. Ils ont énormément de respect l'un pour l'autre et dépendent tellement l'un de l'autre pour demeurer en vie qu'ils sont peut-être encore plus unis qu'un couple marié. La confiance qu'ils s'inspirent mutuellement est indéniable.

Mulder est un consommateur occasionnel de pornographie ; quant à Scully, en quatre saisons, elle n'a eu qu'un seul rendez-vous galant. Dans l'émission pilote, elle avait un petit ami appelé Ethan, mais ce personnage a vite été éliminé. Gillian dit qu'elle

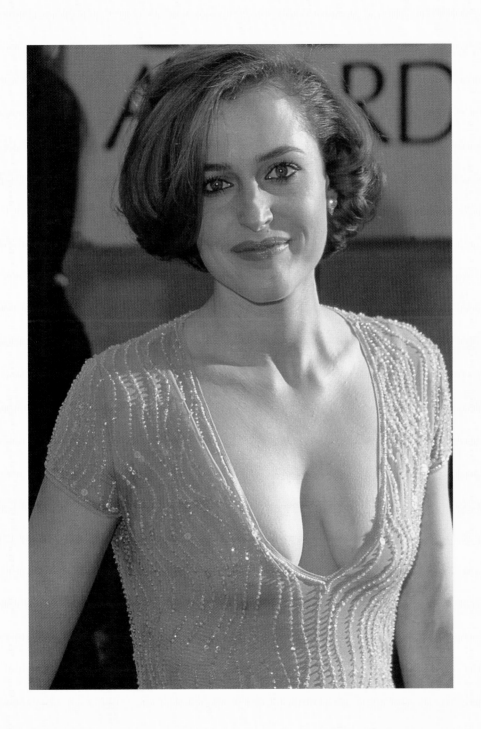

aimerait bien que cet aspect soit davantage élaboré : « À mon avis, il pourrait être intéressant de voir Scully évoluer dans une liaison amoureuse, pas obligatoirement harmonieuse, mais qui lui demanderait des efforts. Ce serait un défi stimulant pour elle, mais je ne crois pas que ce soit nécessaire. »

Parallèlement à la curiosité de Gillian, on raconte que David Duchovny aurait menacé de faire la grève si on ne permettait pas à son personnage d'avoir une vie amoureuse. Il est donc certainement possible que cela se produise. On sent très bien que les deux personnages ont déjà envisagé de devenir amants. Les caresses sur la joue, les mains qui se frôlent occasionnellement ont contribué à rendre cette tension palpable. D'après Gillian, le réseau Fox devrait leur en être reconnaissant : « Il est rare que le courant passe de cette façon entre deux acteurs. Ce n'est pas une chose qu'on peut provoquer. Je pense que le réseau Fox est très chanceux d'avoir trouvé deux personnes entre lesquelles ça s'est produit spontanément. »

*La tension sexuelle latente entre les deux personnages continue
à captiver les fans de la série.*

Gillian reconnaîtra aussi, dans *Starlog Magazine,* que cette entente entre elle et Duchovny plaît beaucoup aux téléspectateurs : « Je crois que les gens sont intrigués par le contraste entre cette tension sexuelle et leur comportement platonique et professionnel. » Elle confiera à *TV Week* : « D'après moi, Scully et Mulder s'aiment d'une façon très intime, sans avoir à transposer cette affection sur le plan sexuel. Cela devient évident de semaine en semaine. Il serait merveilleux de les voir enfin vivre la plus formidable relation sexuelle du monde ; ce serait un énorme soulagement pour eux-mêmes, et pour les téléspectateurs ! Nous pourrions consacrer une heure entière rien qu'à cela : Mulder et Scully au lit, en train de faire l'amour, avec une demi-heure de préliminaires, puis une demi-heure de sexe débridé, avec des menottes et tout et tout... » Euh, c'est plutôt improbable, Gillian.

Toutefois, le sujet d'*Aux frontières du réel* n'est pas la vie amoureuse de ses personnages. Il n'y a pas place pour les complications additionnelles que supposerait une idylle entre eux. Sans compter que si cela finissait par arriver, les milliers de fans de Gillian et de David sur Internet seraient soit fous de douleur, soit fous de joie. Dans le dernier cas, le suspense et la tension se dissiperaient et, comme cela s'est produit avec *Moonlighting,* l'intérêt diminuerait.

Tous ces facteurs et bien d'autres se retrouvent dans le creuset d'*Aux frontières du réel* et ont contribué à en faire une des séries télévisées les plus suivies des dernières années et une des émissions de science-fiction les plus populaires de tous les temps. Gillian Anderson a une part indéniable dans cette réussite ; son personnage est étroitement lié à de nombreux éléments clés de l'émission. Scully confère de la crédibilité aux détails les plus incroyables et aux sujets les plus tabous. Son approche intellectuelle et scientifique suggère qu'il est toujours possible de trouver une explication rationnelle, même si celle-ci se révèle fausse. Si Mulder renverse son café d'une façon bizarre, c'est bien sûr la faute des extraterrestres ; sans les commentaires de Scully, l'émission sombrerait donc probablement dans la parodie et le cliché.

L'image inusitée que ce personnage projette, sa tenue stricte et sévère sont essentiels à l'atmosphère sobre de la série. Au moment où la foudre tombe sur une plaine plongée dans la noirceur et que les éclairs illuminent pendant un bref instant ses moindres secrets, il serait malvenu de voir Scully en train d'ajuster ses talons hauts ou de se limer les ongles... L'énorme pardessus qu'elle portait pour cacher sa grossesse a contribué à cette image de professionnelle sérieuse. Son débit monotone convient à merveille à ses répliques remplies de faits scientifiques ridiculement détaillés (qui lui donnent d'ailleurs du fil à retordre). À certains moments, Scully devient presque un robot tellement elle est dépourvue de sensualité, d'émotions, de préjugés. Elle incise la peau d'un extraterrestre dans la salle d'autopsie avec tout le détachement de quelqu'un qui couperait une tranche de fromage, uniquement préoccupée de prouver qu'il s'agit encore d'un canular. Elle discute prosaïquement des organes des cadavres qu'elle dissèque et énonce des théories sur le même ton terre à terre.

À force d'être confrontée à des phénomènes étranges, elle a graduellement évolué et son attitude rationnelle s'est inévitablement transformée. Le parfait cynisme qu'elle affichait pendant la première saison a fait place à une plus grande ouverture d'esprit. Elle personnifie les téléspectateurs les plus sceptiques, ceux qui préfèrent croire que ces choses n'existent pas, mais qui doivent s'incliner devant les faits. En même temps, elle nous séduit par son intelligence et par le fait qu'elle est prête à se laisser convaincre, même si cela va à l'encontre de toutes ses connaissances scientifiques. Ayant été victime d'une dissimulation gouvernementale quand sa sœur a été assassinée à sa place, Scully est aussi quelqu'un dont le bien-être a volé en éclats à cause d'un drame. Elle est dans la même situation qu'une personne qui prétend avoir été enlevée par des extraterrestres ; toutes deux ont vécu un traumatisme et se font ridiculiser. En théorie, elle est là pour surveiller Mulder et observer le déroulement de ses enquêtes, mais elle ne peut jouer ce rôle très longtemps. Son manque de conviction reflète la méfiance du public à l'endroit du gouvernement.

Étant donné qu'elle est plus au fait que Mulder des nouveautés technologiques, elle est donc la technomane de l'émission. Elle entre dans une pièce et se met à déchiffrer une analyse d'empreinte génétique générée par ordinateur comme s'il s'agissait d'un livre pour enfants. Au moment où quelqu'un glisse un tabloïd sous sa porte, elle est déjà suffisamment convertie pour accepter de lire l'article et en tenir compte. Et, bien sûr, elle joue un rôle essentiel, peut-être même plus que Mulder, dans la tension sexuelle entre les deux agents. Quand le père de son collègue meurt, elle appelle ce dernier par son prénom, Fox, ce que personne d'autre n'est autorisé à faire. Mais à part cela, on ne décèle pas la moindre lueur de désir, si petite soit-elle, dans son regard.

Gillian reconnaît elle-même tout cela dans *Starlog Magazine* : « Cette série tombe à point. Les gens sont prêts pour ce genre d'émission. De nombreux éléments d'*Aux frontières du réel* plaisent au public. Les scénarios sont excellents et racontent des histoires intéressantes. Nous disposons d'un gros budget, ce qui nous permet de réaliser une production de qualité. Nous avons une équipe du tonnerre qui soigne tous les détails pour donner une finition impeccable à chaque épisode. Enfin, les gens raffolent du climat qui règne dans la série. » Elle se dit dégoûtée par les dissimulations gouvernementales : « Je ne crois pas que ce soit au gouvernement de décider ce que les gens doivent savoir ou pas. Le public a droit à ses peurs. Apprendre à les confronter peut être très libérateur. De plus, s'il y a des êtres qui vivent sur d'autres planètes et sont capables de se rendre jusqu'à la Terre, c'est qu'ils sont beaucoup plus avancés que nous. Cela veut dire que nous avons beaucoup à apprendre d'eux. Je crois qu'il nous faut l'accepter. »

Si on ajoute à tous ces facteurs la renommée de Gillian, on doit conclure qu'elle joue un rôle primordial, non seulement dans les scénarios et les intrigues, mais aussi dans tous les éléments sous-jacents qui ont contribué à faire de cette série la plus populaire de son genre depuis des années.

Les années fastes

À la fin de la deuxième saison, *Aux frontières du réel* s'est taillé une place enviable dans le paysage télévisuel. Elle est passée d'émission-culte à une série couronnée de succès. Elle n'arrive qu'en 64ᵉ position parmi les 141 émissions de sa catégorie, mais cela représente tout de même un exploit pour les membres de l'équipe et les scénaristes. Les cotes d'écoute dépassent de 50 % celles de la première saison et, dans certains groupes démographiques, l'émission est en première place dans son créneau horaire. Alors qu'on la comparait à *The Twilight Zone* et à *Twin Peaks* au cours de la première année, c'est maintenant à elle qu'on compare les nouvelles émissions comme *The Kindred*. Avant le tournage du pilote, le FBI avait catégoriquement refusé d'aider Carter dans ses recherches ; à présent, l'auteur est submergé d'appels de véritables agents du FBI qui raffolent de la série et sont désireux de préciser certains détails. En outre, Duchovny, Anderson et Carter sont sur le point de se faire dérouler le tapis rouge pour une visite des bureaux du FBI ; J. Edgar Hoover a de quoi se retourner dans sa tombe... Les choses semblent donc aller de mieux en mieux.

Cependant, tout n'est pas rose pour Gillian. Depuis des années, il y a un problème dans sa famille : son jeune frère Aaron souffre de neurofibromatose, une maladie neurologique extrêmement affaiblissante qui s'accompagne fréquemment de tumeurs. En plus de présenter un risque de malignité, ces tumeurs peuvent aussi bien apparaître à l'extérieur du corps qu'à l'intérieur, et peuvent défigurer considérablement la personne atteinte. Des lésions cérébrales et des problèmes neurologiques en sont des symptômes courants. Comme cette maladie est rare et peu connue, Gillian a entrepris de renseigner les gens à ce sujet et se sert ouvertement de sa célébrité et de son influence pour aider cette cause.

Elle s'en expliquera ainsi au *News of the World's Sunday* : « Mes parents et moi vivons avec ce problème depuis 12 ans. La maladie de mon frère a été au centre de nos vies pendant que nous grandissions, à cause de ses effets potentiellement dévastateurs. » L'actrice consacre de longues heures à faire la promotion de cette cause en compagnie de sa mère Rosemary. Ensemble, elles fondent dans l'État du Michigan une clinique pour les gens souffrant de cette maladie. Si le traitement est primordial, elles insistent également sur l'importance de l'éducation, car une des plus grandes difficultés que connaissent les patients est le rejet de leur entourage : « Nous voulons faire comprendre aux gens que ce n'est pas contagieux. » Gillian et sa mère sont même invitées à une soirée huppée à la Maison-Blanche pour assister à une conférence scientifique sur la neurofibromatose.

Cependant, l'actrice est frustrée de ne pouvoir s'investir davantage dans cette cause, son travail dans la série *Aux frontières du réel* occupant le plus clair de son temps : « Je travaille sans arrêt, cela m'empêche de m'adonner au bénévolat comme je le voudrais. Tout ce que je peux faire, c'est envoyer ma photo autographiée à une vente aux enchères qui amasse des fonds. Aaron a été très chanceux jusqu'à présent. Habituellement, pendant la puberté, la maladie s'aggrave rapidement, mais ça n'a pas encore été son cas. On lui fait régulièrement des bilans de santé, et jusqu'ici, il n'y a rien à signaler. Aaron est un beau garçon athlétique et incroyablement intelligent. Sa maladie a beaucoup affecté notre famille, et cela nous a rapprochés. » La mère de Gillian est fière de la générosité de sa fille : « La célébrité a une bonne influence sur Gillian. Elle a toujours aimé offrir des cadeaux à ses amis et à sa famille. Aujourd'hui, elle peut se permettre de le faire, et elle adore ça. »

De retour en studio, Gillian constate que sa popularité et celle de la série ne cessent de s'accroître. En janvier 1995, aux prestigieux Golden Globe Awards, *Aux frontières du réel* obtient le prix de la Meilleure série dramatique, surpassant des rivales aussi réputées que *ER (Salle d'urgence)* et *NYPD Blue*. Même Tony Bennett, qui est présent lors de la cérémonie, déclare qu'il est un fan de l'émission ! Cette année-là, une foule de trophées viennent récompenser le jeu des acteurs ainsi que la qualité de la production et des scénarios. L'originalité et l'intelligence d'*Aux frontières du réel* sont enfin reconnues.

Le succès remporté par la série aux Golden Globe Awards constitue une étape marquante de son ascension.

Au cours des 18 mois suivants, on ne compte plus le nombre de nominations de la série, qui décroche le prix de l'Environmental Media, accordé au Meilleur épisode d'une série dramatique (pour « Parole de singe »), et celui de l'American Society of Cinematographers récompensant la Meilleure prestation dans une série télévisée (remis à John Bartley pour « Duane Barry, première partie »). Aux prestigieux Emmy Awards, la série se voit décerner les prix du Meilleur scénario de série

dramatique, de la Meilleure direction de la photographie et de la Meilleure musique de générique, et est en nomination pour ceux de la Meilleure direction artistique, du Meilleur montage sonore et du Meilleur montage. Il est très rare qu'une série de science-fiction soit en nomination aux Emmy Awards, et encore plus qu'elle obtienne un trophée. Par la suite, David Duchovny, Gillian Anderson et la série se retrouvent en nomination aux Quality Television Awards. Quant à Chris Carter, il est en lice pour le prix Edgar Allan Poe des Mystery Writers of America.

Parmi cette impressionnante profusion de trophées, ceux qui font le plus connaître la série au public sont probablement les Golden Globe Awards. Le soir de la cérémonie, Gillian et le reste de l'équipe sont nerveux, mais absolument convaincus qu'ils ne gagneront pas. Gillian est ravie d'apercevoir Quentin Tarantino dans la salle : « À cause du genre de films qu'il fait, j'ai pensé qu'il connaissait probablement *Aux frontières du réel*. Alors, je me suis approchée et lui ai dit : "J'aimerais me présenter." Il a été très poli, mais il n'avait aucune idée de qui j'étais. Comme il l'a mentionné par la suite sur scène, il était plutôt "éméché". »

Au moment où on annonce qu'*Aux frontières du réel* remporte le prix de la Meilleure série dramatique, c'est un véritable choc pour l'équipe. Malcolm Marrsden, le coiffeur de la série, raconte : « Avez-vous vu ce qui est arrivé quand nous avons gagné le Golden Globe ? Gillian s'est levée, complètement hébétée. Elle ne s'y attendait vraiment pas. » Gillian renchérit : « J'étais stupéfaite. Et je ne le réalise pas encore. Au fond, je trouve que c'est bon parce que, ainsi, le succès ne me monte pas à la tête. C'est tellement incroyable ! Au moins une fois par semaine, je me surprends à éclater de rire dans mon bain en pensant à tout ça... »

Entre ce succès aux Golden Globe Awards au début de 1995 et les surprenants cinq prix Emmy que la série décroche en 1996,

Acclamée par les critiques et inondée de trophées,
la série poursuit sa route vers le succès.

les deux principaux acteurs d'*Aux frontières du réel* s'aperçoivent que la renommée n'a pas que des bons côtés. Au début, quand elle n'est encore qu'une étoile montante, Gillian ne souffre pas trop des inconvénients de la célébrité. Cela s'explique par le fait que la série est tournée à Vancouver et non à L.A., par l'intense horaire de travail de l'actrice et par son attitude solitaire et discrète. En Colombie-Britannique, le public est très réservé. On l'accoste rarement dans la rue et les fans ne traînent pas autour du plateau, bien que les tournages en extérieur attirent parfois quelques curieux.

Cette attitude respectueuse convient parfaitement à l'actrice : « Les gens sont très calmes et polis. Personne ne m'a accostée jusqu'ici. Je ne me suis jamais retrouvée dans une situation embarrassante. » Quand elle doit se rendre à L.A. pour des tournées promotionnelles, elle note une différence dans le comportement du public : « Je m'en aperçois quand je viens ici. Los Angeles est une si grande ville que ça me fait toujours un choc quand quelqu'un se retourne pour me dévisager. J'oublie pourquoi on me regarde ! À Vancouver, ça ne m'arrive pas souvent. Le seul contact que j'ai avec des fans, c'est quand nous tournons en extérieur. »

Piper commence maintenant à marcher, et Gillian passe ses rares moments libres auprès de sa famille. Elle n'a donc plus beaucoup de temps pour sortir avec les membres de l'équipe, Duchovny y compris, ou pour faire de la promotion. Cela suscite des rumeurs qui laissent supposer que Duchovny et Gillian se haïssent et ne peuvent s'endurer quand ils ne sont pas devant les caméras. Rumeurs qui sont avivées par le fait que c'est Duchovny qui, au début, récolte les plus importantes entrevues et les plus prestigieux talk-shows, pendant que Gillian, elle, se retrouve en compagnie de gens moins connus dans des émissions de second plan. Les cancans sur leur relation repartent de plus belle quand la célébrité de Gillian s'accroît et que Duchovny reçoit moins d'attention qu'auparavant.

On raconte donc un peu partout que le climat entre les deux acteurs est plutôt tiède. Pourtant, David Duchovny n'a jamais alimenté ces ragots, comme en témoigne cet extrait d'entrevue avec Deborah Starr Seibel : « Nous sommes très circonspects, car nous savons que l'un de nous peut à tout moment se transformer en véritable psychotique à cause de l'énorme pression que nous subissons, de nos journées de travail de 16 heures... Quand Gillian est fatiguée et irritable, je le sais, et c'est la même chose pour elle. Nous respectons énormément les limites de l'autre. Comme nous ne nous fréquentons pas en dehors du travail, nous avons une relation strictement professionnelle. Ce n'est pas parce que je ne l'aime pas. C'est seulement que je ne veux voir personne de l'équipe quand je ne travaille pas. » Gillian, pour sa part, expliquera les choses ainsi : « Nous avons passé les deux premières années de l'émission à nous habituer à notre nouvelle vie ; nous n'avons donc pas vraiment fait attention à notre relation. Mais maintenant, nous commençons à nous en occuper davantage. »

Bien qu'ils ne soient pas des amis intimes, les rumeurs de rivalité sont une exagération qui fait bien rire Gillian : « Être en compagnie de quelqu'un quotidiennement et de façon aussi intense demande beaucoup d'efforts. Notre relation connaît des hauts et des bas. Si nous ne nous voyons pas la fin de semaine, c'est parce que nous nous sommes vus toute la semaine et que nous en avons assez. » Toutefois, la façon prudente dont les deux acteurs répondent à ces questions laisse entendre qu'il y a peut-être du vrai dans ces ragots.

Bien entendu, on n'augmente pas sa célébrité et ses revenus sans en payer le prix. Gillian, qui servait encore aux tables dans un café pour étudiants il y a deux ans à peine, éprouve déjà des difficultés à accepter certains aspects de sa nouvelle vie. Jalouse de son intimité, elle est troublée quand elle découvre qu'une reporter travaillant pour un tabloïd britannique s'est présentée à Grand Rapids sans avertissement afin de fouiller dans son passé. La mère de l'actrice décrira ainsi l'incident au *Washington Post* : « Il pleuvait à boire debout, quand cette journaliste arrive en coup de vent, bousculant une de mes amies dans l'allée et déclarant : "J'arrive de Londres. Quand vous aurez le temps, j'aimerais vous interviewer au sujet de l'enfance de Gillian et avoir des photos d'elle." » La journaliste s'installe ensuite dans un petit hôtel du coin et se met à poser des questions à quiconque connaît Gillian. Dans le but de la décourager, les parents de Gillian refusent de lui parler et demandent à tous leurs amis de faire de même. Quant à Gillian, après s'être acquittée d'une tournée promotionnelle à Milan, elle prend des vacances en Italie avec sa mère et sa fille. Clyde doit les rejoindre un peu plus tard.

Cet incident est inquiétant pour Gillian et sa famille. L'actrice se sent envahie, et ça ne fait que commencer. Pour empirer les choses, on demande à l'équipe de peaufiner davantage les épisodes, ce qui entraîne des heures de travail encore plus longues. Les journées de 16 heures, auparavant occasionnelles, sont maintenant la norme. Inévitablement, l'actrice passe de moins en moins de temps avec son mari et sa fille. Elle qui se faisait autrefois un devoir de répondre à ses fans ne peut plus y arriver en raison de son horaire chargé et de l'incroyable quantité de lettres qu'elle reçoit. Comme sa célébrité est encore un phénomène tout nouveau, elle se sent terriblement coupable. Elle essaie de ne pas prêter l'oreille aux histoires de produits dérivés, comme les tasses qui se vendent comme des petits pains chauds et les poupées à l'effigie de l'agent Scully. Derrière son rire, on sent qu'elle se demande avec inquiétude où ce tourbillon finira par l'emporter et quel effet il aura sur sa vie. Elle commence à réaliser que le succès de l'émission signifie qu'elle en est prisonnière pour longtemps.

« Pour être tout à fait honnête, je ne crois pas que je réalise tout ce que cela entraîne, confiera-t-elle en riant au magazine *SFX*. Quand nous avons commencé le tournage de la deuxième

*Gillian s'aperçoit bien vite que la renommée
internationale n'a pas que des bons côtés...*

saison, j'ai pensé que ça continuerait probablement pour un bout de temps, car la série semblait la seule du réseau Fox à avoir du succès. Nous avions l'impression qu'elle avait des chances de durer. »

Les nombreuses heures de travail commencent aussi à empiéter sur son intégrité professionnelle : l'actrice est frustrée de ne pouvoir consacrer autant de temps à la lecture des scénarios. Ce qu'elle confirmera avec subtilité au *Philadelphia Enquirer* : « Nous travaillons entre 12 et 16 heures par jour, 5 jours par semaine. Je ne souhaiterais pas cela à mon pire ennemi. Mais ce qui est merveilleux, c'est non seulement d'avoir la chance d'approfondir un personnage, mais aussi de pouvoir se découvrir soi-même chaque jour. » Malheureusement, en raison de la vision originale de Chris Carter et de son équipe de scénaristes, il y a peu de place pour l'improvisation et la souplesse : « Depuis un certain temps, l'équipe rédige les scénarios selon une formule précise qui semble très bien fonctionner, déclarera-t-elle à *Starlog Magazine*. Nous n'avons donc pas vraiment le choix ; lorsque nous recevons nos textes, nous devons nous y conformer. Nous ne pouvons pas improviser ou changer quoi que ce soit. De temps en temps, nous recevons un scénario exceptionnel qui traite davantage des motivations psychologiques et émotionnelles de Scully ou de Mulder. Ce sont ces scénarios qui présentent le plus grand défi, et ce sont aussi ceux qui finissent par produire les meilleurs épisodes, comme "Le Fétichiste" et "Le Message". »

Toute cette pression et cette surcharge de travail expliquent pourquoi les diverses entrevues qu'elle accorde pendant cette période ne montrent pas au public la jeune femme pétillante et enjouée qu'il était habitué de voir. Gillian est épuisée et se sent assiégée. À un reporter qui lui demandera ce que la renommée signifie pour elle, l'actrice répondra : « La suffocation. » Et elle confiera à un journaliste du *Sunday Telegraph* de Sydney : « Pour moi, la célébrité, c'est un cercle vicieux... Le seul avantage, c'est d'être reconnue pour mon travail et respectée dans ma collectivité ; ça s'arrête là. Pour l'instant, la célébrité me demande énormément de travail. »

Étonnamment, elle décide d'alourdir encore cette charge de travail en acceptant de tourner une nouvelle émission entre deux saisons d'*Aux frontières du réel*. Cette série scientifique en neuf volets, intitulée *Future Fantastic* et produite par la BBC, explore les faits scientifiques qui sous-tendent la science-fiction et donne un aperçu de ce que nous réserve le prochain siècle. Les sujets abordés sont étroitement liés aux thèmes d'*Aux frontières du réel*. C'est la première fois que Gillian est animatrice, et elle s'en tire très bien. Elle apprécie beaucoup cette expérience qui lui fait voir autre chose : « C'est fascinant. On traite dans cette émission de phénomènes qui, sans être probables, sont tout de même possibles. Des gens intelligents, provenant de tous les milieux, racontent leurs expériences avec des ovnis. Je crois qu'ils disent la vérité. Il n'est pas étonnant que le gouvernement nous cache des choses ; ça veut dire qu'une puissance encore plus grande existe ailleurs. Je suis très heureuse d'animer cette série. »

Future Fantastic traite de voyages dans le temps, de robots et, bien sûr, d'extraterrestres. Produite par l'équipe de *Tomorrow's World*, l'émission remonte au début du siècle pour examiner les prédictions d'ouvrages de science-fiction qui ont fini par se réaliser, et tente d'imaginer ce qui se produira dans l'avenir. « Gillian est la personne idéale pour animer cette série, déclare le producteur délégué Edward Briffa. Si vous êtes déjà ébloui par les progrès actuels, vous serez complètement ébahi par tout ce qui s'en vient... »

De toutes les inventions et prédictions bizarres dont parle l'émission, celle qui impressionne le plus Gillian est la possibilité de se déplacer en une seconde partout sur la planète : « Ne serait-ce pas merveilleux ? Voyager, ça veut dire une foule de bagages, et des heures en avion avec un bébé... Ce serait formidable si on pouvait se retrouver à destination en un clin d'œil ! » Ce n'est pas la première fois qu'on lui offre de travailler sur ce genre

d'émission : « Quand j'ai commencé à tourner *Aux frontières du réel,* j'ai été inondée de demandes touchant de près ou de loin à la science-fiction et au paranormal. Mais chaque fois, j'ai refusé. *Future Fantastic,* c'est autre chose ; on y présente les événements de façon intelligente, en faisant un tour d'horizon complet. »

La série Future Fantastic *est une agréable diversion pour Gillian, dont la vie professionnelle et sociale est de plus en plus accaparante.*

«Je ne suis pas Spock»

«Je ne suis pas Spock.»
Leonard Nimoy

«Si les gens m'aiment parce qu'ils croient que je suis comme Scully et qu'ils trouvent qu'elle est une personne extraordinaire, eh bien, tant mieux!»

Gillian Anderson

Gillian Anderson est belle (français)
Gillian Anderson is beautiful (anglais)
Gillian Anderson is mooi (néerlandais)
Gillian Anderson on kaunis (finlandais)
Gillian Anderson gyönyörû (hongrois)
Gillian Anderson yafa meod (hébreu)

Le problème, ce n'est pas que les gens croient que Gillian Anderson est *comme* Dana Scully; c'est qu'ils croient qu'elle *est* Dana Scully. Pas littéralement, pas physiquement, bien sûr. Toutefois, la frontière entre les deux est très floue, et les nombreux fans de l'actrice sont d'abord des admirateurs du personnage à l'écran. Le fait que Gillian soit très discrète sur sa vie privée et qu'elle accorde peu d'entrevues révélatrices accentue encore cette assimilation. Mais celle-ci découle essentiellement du fait que chaque semaine, c'est Scully que le public voit, et non

Anderson. Gillian-Dana est devenue un modèle pour une génération, un sexe-symbole pour une autre, et a réussi à tourner cette
double identité à son avantage.

Pourtant, il s'agit de personnalités tout à fait distinctes. Quand
on examine les antécédents de Dana Scully, on comprend pourquoi ce personnage, surtout incarné par Gillian, cause un tel
engouement. D^re Dana Katherine Scully, née le 23 février 1960, a
huit ans de plus que Gillian. Elle est la fille de William Scully,
capitaine de la marine américaine. L'enfance de Dana, comme
celle de Gillian, tourne autour de la carrière de son père ; elle
passe la majorité de son enfance dans diverses bases militaires,
dont la base aéronavale de Miramar, au nord de San Diego. Élevée
dans la religion catholique, Scully n'est plus vraiment pratiquante.
Si elle porte toujours le crucifix que sa mère (Margaret) lui a
donné quand elle était enfant, c'est davantage une source d'inspiration et de fierté qu'un symbole religieux (il s'agit d'ailleurs du
crucifix que Mulder porte quand Scully est enlevée). La formation
essentiellement scientifique de la jeune femme commence à être
ébranlée par les divers phénomènes qu'elle rencontre dans le
cadre de son travail. La religion reprend lentement sa place dans
sa vie.

Contrairement à Gillian, qui est l'aînée de trois enfants, Scully
a une sœur et un frère plus vieux qu'elle, Melissa et William Jr.,
ainsi qu'un frère cadet, Charles (dans l'épisode « Le Chemin de la
bénédiction », Melissa est assassinée à la place de sa sœur). Scully
étudie pendant un an à l'université de la Californie à Berkeley,
près de la base aéronavale Alameda où son père est stationné.
Dotée d'une excellente mémoire, elle réussit très bien dans ses
études. Cette année-là, elle fréquente des groupes d'activistes poli-
tiques et prend part à des manifestations antinucléaires. Elle pré-
tendra toutefois que cela n'est jamais allé plus loin que des discussions animées et la distribution de tracts. Ces activités vont
évidemment à l'encontre des idées strictes et résolument militaires
de son père. L'année suivante, elle part étudier à l'université du

Maryland, où elle publie plus tard sa thèse de physique intitulée « Einstein et la courbure de l'espace-temps : une nouvelle approche ». Reçue médecin en 1986, elle fait son internat en médecine légale, d'où son aisance avec un scalpel. En 1990, après son internat, elle est choisie, avec une poignée d'autres étudiants prometteurs, pour joindre les rangs du FBI. Pourtant, même cette marque de considération n'a pas l'heur de plaire à ses parents, qui l'ont habituée à une éducation stricte. En comparaison avec la jeunesse turbulente de Gillian, celle de Scully est un modèle de sagesse et d'application.

Après s'être inscrite à l'académie de Quantico, Scully fait preuve de beaucoup de discipline et s'adapte rapidement à ce nouveau régime de vie. Pendant cette période, elle se met à fréquenter un professeur de l'académie appelé Jack Willis et sort avec lui pendant plus d'un an. Relation au terme de laquelle se tisse un lien d'amitié qui durera jusqu'à la mort tragique de Willis, survenue au cours d'une enquête où ce dernier collabore avec Scully et Mulder. Cet événement coïncide avec une autre tragédie dans la vie de Scully : le père de la jeune femme meurt d'un infarctus en 1994. Même s'ils étaient souvent en conflit, Scully et son père étaient très proches ; elle lui donnait le surnom d'Ahab et lui celui de Starbuck, en référence à *Moby Dick*.

Lorsque Scully commence son service au FBI en 1992, le chef de section Scott Blevins l'affecte comme agent spécial auprès de Fox Mulder. À la fois partenaire et surveillante de Mulder, elle a pour tâche d'évaluer si l'obsession de ce dernier pour les dossiers non classés est justifiée. Au début, en véritable sceptique, Scully est persuadée qu'il y a une explication scientifique ou quasi scientifique pour tout ; son attitude est radicalement opposée à celle de Mulder, prêt à croire tout ce qui sort de l'ordinaire. Cependant, la jeune femme se fait peu à peu entraîner par les folles idées de son collègue et son rationalisme commence à s'effriter. En mai 1994 (à la fin de la première saison), le directeur adjoint Skinner ferme le service des affaires non classées et s'occupe de la mutation de Mulder et Scully. Cette dernière est envoyée à l'académie Quantico pour y enseigner. En octobre de la même année, après bien des péripéties, elle est enlevée par Duane Barry. Quand on réussit à capturer le fugitif, il n'y a plus aucune trace de la jeune femme. Mulder, convaincu qu'elle a été enlevée (comme sa propre sœur) par des extraterrestres, tente désespérément de la retrouver. Le mois suivant, le service des affaires non classées est réouvert et Scully réapparaît dans un hôpital de Georgetown, où elle est maintenue en vie par des appareils à l'unité des soins intensifs. Après s'être rétablie, elle est réintégrée dans ses fonctions. Depuis, elle est devenue encore plus expérimentée et informée dans son domaine, mais son scepticisme commence à perdre du terrain. Scully n'aura jamais l'esprit aussi ouvert que Mulder, mais il est clair qu'elle ne voit plus les choses comme avant.

> « Tout en renouvelant les attributs de la féminité, Scully cite des déclarations historiques masculines. »

Lisa Parks

> « C'est une jolie fille avec des nerfs d'acier. »

Un X-Phile sur Internet

La personnalité de Scully est attrayante à bien des points de vue, et cela explique en partie la célébrité de Gillian. Quand on analyse les raisons pour lesquelles Scully est si admirée, on comprend mieux la renommée de Gillian, et on peut imaginer comment cela risque de l'affecter. Scully est probablement un des personnages féminins les plus forts, indépendants et courageux qu'on ait vus à la télévision. Elle est intelligente et instruite. Elle sait garder son sang-froid et joue parfois un rôle dominant dans sa relation avec Mulder. Le fait qu'elle ne porte jamais de décolleté ou de vêtements moulants la distingue du reste des détectives féminines qu'on voit à la télé, et même des personnages de femmes en général. On n'a qu'à regarder *Friends* : dans cette populaire sitcom américaine, est-ce une coïncidence si trois jeunes filles ravissantes habitent le même building ? Ou encore *Baywatch* (*Alerte à Malibu*) : comme par hasard, les dix femmes les plus sexy du monde travaillent comme gardiennes de plage au

Les caractéristiques uniques de Dana Scully en font un modèle auquel s'identifient facilement les téléspectatrices.

même endroit ! Ou la nouvelle série *Superman*, dans laquelle Lois, incarnée par Terry Hatcher, est censée inspirer de la fierté à la gent féminine, alors qu'en réalité, elle a beaucoup de points communs avec les jolies starlettes écervelées qui sont monnaie courante à Hollywood. La seule émission qui aurait pu se comparer avec *Aux frontières du réel* était la phénoménale *Star Trek (Patrouille du cosmos)*. Toutefois, il y avait dans celle-ci une différence notable dans la façon dont les rôles féminins étaient abordés. Les téléspectatrices ont souvent été frustrées, et même outrées par le sexisme flagrant de la série. L'unique personnage féminin régulier était Uhura, l'officier en charge des communications, mais elle occupait un rang inférieur à celui de ses collègues masculins. La morale de *Star Trek* se voulait utopiste, et pourtant, aucune présence féminine influente n'intervenait dans cette émission résolument patriarcale. C'est là une importante omission. Même les conquêtes de Kirk étaient habituellement des créatures séduisantes mais insignifiantes, qui étaient généralement en détresse. Cela n'a toutefois pas empêché *Star Trek* de devenir la série de science-fiction la plus populaire entre toutes.

Cependant, pour rendre justice à *Star Trek*, il faut reconnaître que les temps ont changé. Dans les années 60, au moment où la série a été conçue, on voyait les choses autrement. Aujourd'hui, grâce entre autres aux nouveaux contraceptifs, aux lois sur l'avortement et sur l'égalité en matière d'emploi ainsi qu'aux efforts déployés par la « deuxième vague » de féministes des années 70, les femmes ont beaucoup plus d'attentes et leur perception d'elles-mêmes n'a plus rien à voir avec leurs anciens rôles de mère, d'épouse et de symbole sexuel.

Scully, tout comme Anderson, personnifie la femme moderne polyvalente : une professionnelle reconnue, intelligente et déterminée, qui n'en demeure pas moins une femme. Elle projette une image à laquelle les téléspectatrices des années 90 peuvent aisément s'identifier, en tout cas beaucoup plus aisément qu'à celle que projetaient les superficielles femmes au foyer des années 60

[Elizabeth Montgomery dans *Bewitched* (*Ma sorcière bien-aimée*)], les sexe-symboles des années 70 [Farah Fawcett dans *Charlie's Angels* (*Drôles de dames*)] et les femmes d'affaires autoritaires des années 80 [la femme de carrière mentalement instable incarnée par Glenn Close dans *Fatal Attraction* (*Liaison fatale*)]. Les femmes des années 90 se définissent autant en fonction de leur carrière que de leur sexe. L'un ne va pas sans l'autre, et cette dualité est parfaitement représentée par Scully et Anderson.

Cet aspect est d'ailleurs clairement souligné dans « Le Village », un des épisodes les plus terrifiants de la série et un des préférés de Gillian. Il s'agit d'une histoire d'accouplements consanguins ayant entraîné des mutations dans une famille isolée. La féminité de Scully est mise en évidence lorsque celle-ci discute avec Mulder du désir de reproduction des êtres humains. Il lui lance alors, étonné : « Je crois qu'il y a une mère qui sommeille en toi... » (pourtant, les téléspectateurs n'ont jamais eu de doute sur sa féminité). Au cours de cette conversation, l'atmosphère est trouble et pleine de sous-entendus. Quand Scully déclare : « Nous avons en nous un instinct qui nous pousse à procréer », Mulder rétorque : « C'est vrai ? » Cette question reste en suspens, lourde de sens, évoquant des désirs non assouvis. Mais Scully reste impassible, et c'est là un autre trait qui fait son charme. Cette femme à la beauté insolite ne se déshabille jamais, pas plus qu'elle ne se départit de sa dignité professionnelle pour manifester une attirance physique ou un quelconque intérêt amoureux. À bien des points de vue, elle semble froide et détachée, mais il n'est pas étonnant qu'un agent du FBI soit déterminé et concentré sur sa carrière. Scully se distingue des autres personnages féminins du petit écran par cette absence de manœuvres de séduction et de nudité superflue.

Pour dénicher un personnage similaire à Scully, il faut se tourner du côté du grand écran, plus particulièrement vers Clarice Starling, dans le saisissant *Silence of the Lambs* (*Le Silence des agneaux*). Voilà un agent du FBI qui a autant de détermination, de courage, de vaillance et de talent que Scully. Autre point commun, Clarice a aussi perdu son père, un policier de l'État qui a été tué en devoir. En outre, les deux jeunes femmes s'efforcent de faire la fierté de leurs parents. Starling dissèque un cadavre avec la même objectivité, le même sang-froid et le même empressement que Scully, un comportement à des années-lumière des cris dégoûtés d'une foule de personnages féminins délicats et pusillanimes. Toutes deux sont des médecins légistes qui mettent à profit leurs vastes connaissances pour étendre leur champ d'action à toutes sortes de domaines. Toutes deux petites et vêtues de façon conservatrice, ce sont de nouvelles recrues qui apprennent sur le tas dans un environnement patriarcal. Dans un excellent essai intitulé « The X-Files, Liminality and Gender Pleasure » (extrait du livre *Deny All Knowledge : Reading The X-Files),* Rhonda Wilcox et J.P. Williams ont relevé d'autres similarités entre les deux personnages. Les scènes opposant Starling et Lecter dans *Silence of the Lambs* trouvent un écho dans la conversation entre Scully et un soi-disant clairvoyant dans l'épisode « Le Message ». Scully et Starling tirent de leurs connaissances et de leurs talents un sentiment de sécurité, et pourtant, toutes les deux sont bouleversées quand elles se retrouvent dans des situations extrêmes. Elles sont intrépides et n'hésitent pas à se lancer seules dans des aventures dangereuses si besoin est. Elles font fi des stéréotypes traditionnels pour adopter une attitude plus moderne et plus forte. Les créateurs de ces deux personnages méritent des félicitations. Malheureusement, il faut bien l'avouer, deux femmes de cette trempe parmi les milliers que nous présentent le petit et le grand écran, c'est bien peu.

Scully bouscule régulièrement les traditionnels rôles masculins et féminins : quand Mulder est par monts et par vaux, sautant d'une folle théorie à l'autre, Scully représente la stabilité, le point d'ancrage du duo, calmement installée devant son ordinateur ou faisant des autopsies. De nombreux fans de la série se sont plaints du fait que Mulder a trop souvent raison, que ses théories insolites se réalisent la plupart du temps, alors que Scully est fréquemment dans l'erreur, ce qui contribue à renforcer la suprématie du personnage masculin. Plus souvent qu'autrement, c'est Mulder qui abat les méchants ; Scully ne s'en est chargée que quelques fois, la meilleure étant probablement dans « Meurtres sur Internet ». Au cours des deux premières saisons, Scully s'aventurait rarement la première dans des situations dangereuses ; elle se tenait habituellement quelques pas derrière Mulder. À une exception près, toutefois : dans « Compressions », elle s'avançait la première dans un sous-sol sombre, à la recherche d'un homme capable de changer de forme corporelle à volonté. Mais dans tous

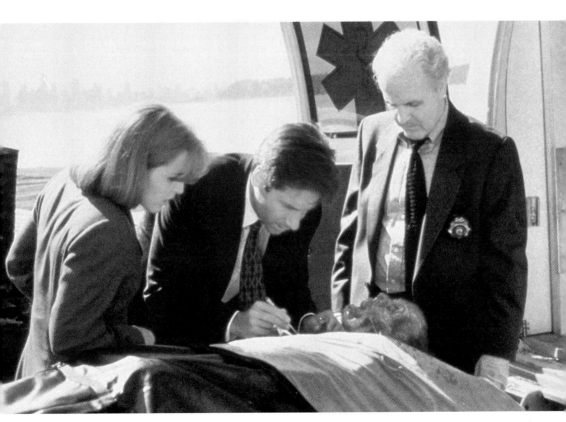

Depuis les premiers épisodes, le personnage de Scully a évolué, s'affirmant davantage et faisant preuve de plus d'indépendance.

les autres scénarios, l'accent était mis sur Mulder. Cette tendance s'est intensifiée au moment de la grossesse de Gillian, quand sa condition physique ne lui permettait pas de jouer des scènes d'action trop exigeantes. Cela a eu pour résultat d'affaiblir son personnage pendant un certain temps. Toutefois, depuis qu'elle a eu son bébé, son personnage est remonté au niveau de celui de Duchovny.

Sous bien des aspects, cette émission est plutôt traditionnelle : Mulder, qui veut croire à tout prix, est celui pour lequel les télé-spectateurs prennent parti. Ils souhaitent que ses théories insen-sées prennent le pas sur les explications scientifiques de Scully. Le public s'identifie à Mulder, le considère comme un héros. Mais au fur et à mesure de l'évolution de l'émission, le personnage de Scully a acquis davantage de substance grâce au jeu de Gillian. Scully a maintenant plus d'influence ; on pourrait peut-être expli-quer cela par le fait qu'elle était une novice du FBI au début de la série et qu'elle a pris de l'assurance depuis. Mais ce qui compte le plus, c'est qu'elle est devenue l'*égale* de Mulder sur le plan de l'intelligence, du courage, de la discipline et de la détermination. C'est là une importante percée.

Un autre détail intéressant est le fait que Scully ne se sert pas d'une arme à feu comme le font les autres personnages féminins. Les revolvers sont souvent perçus comme des symboles phalli-ques, et on a vu au petit écran une foule de femmes détectives, agents ou flics qui semblaient soudées à leur arme. Scully se sert bien sûr de son arme dans l'émission, mais seulement de façon occasionnelle. On la voit plus souvent avec un dossier, un masque chirurgical ou un téléphone cellulaire. Même chose sur les photos promotionnelles : elle y est rarement armée. En fait, dans le numéro d'août 1995 du magazine *Esquire,* un article intitulé « Arresting Women We Love » est illustré d'une photo en double page montrant huit personnages féminins d'émissions policières ; la seule qui n'est pas armée est Scully. Inutile de dire que Pamela Anderson, de *Barb Wire,* est armée jusqu'aux dents.

Comme le dira un reporter du *FHM,* Scully est en quelque sorte une « Anti-Pammy ». Cela plaît bien à Gillian : « On m'appelle "la nana des intellectuels" ; je trouve cela très drôle. Mais c'est bien mieux que d'être qualifiée de potiche, comme Pamela Anderson, qui n'est célèbre que pour son corps — s'il s'agit bien de son corps... Je préfère être connue pour quelque chose de valable. » Bien que la plupart des lecteurs masculins estiment probablement que le corps de Pamela Anderson est parfaitement valable, il faut admettre que Gillian a raison. Toutes les filles ne peuvent pas avoir une taille de 22 pouces, une poitrine plantureuse et de longs cheveux blonds bouclés ; mais elles peuvent au moins espérer acquérir les talents et les traits de caractère de Dana Scully.

Toutes ces caractéristiques admirables font de Scully un modèle auquel s'identifient les femmes des années 90. Tout a commencé sur Internet, où de nombreux groupes de discussion ne tarissent pas de louanges pour ses talents et pour l'absence de stéréotypes de l'émission. Un groupe de discussion est même intitulé « Je veux être comme Scully quand je serai grande ». Dans ce groupe, une étudiante en médecine avoue que, pour arriver à étudier et à se concentrer pendant la période stressante des examens, elle pense souvent à Scully, qui est une source d'inspiration pour elle. Gillian Anderson reçoit des tonnes de courrier de la part de jeunes femmes ; elle en est ravie, bien que celles-ci aspirent toutes à devenir comme Scully : « J'ai reçu beaucoup de lettres de jeunes filles disant que je suis un exemple pour elles, et c'est probablement un des plus beaux compliments que je puisse recevoir en tant qu'actrice. C'est merveilleux quand on pense à ce que ce personnage représente : l'honnêteté, la justice, le travail acharné, le dévouement, la passion... Si elles peuvent en retirer quelque chose, c'est fantastique. » L'actrice fera un commentaire qui va dans le même sens sur les ondes de l'émission *Midday,* de CBC : « Je me suis aperçue très tôt que les jeunes filles, et même les filles de tout âge, considéraient Scully comme un modèle. Cela m'a fait grand plaisir. Je pense que c'est une des meilleures choses qui pouvaient arriver, parce que Scully est très intelligente, instruite et honnête. En outre, elle a un grand sens moral et recherche la justice à tout prix. Ce sont là des qualités fortes et très positives pour une femme. J'ai donc été ravie d'apprendre que les femmes y étaient sensibles. »

Ce qu'il faut toutefois souligner, c'est que ces qualités sont celles de Scully. Voilà où commence la confusion entre Scully et Anderson. Ce sont deux femmes très différentes, et c'est Scully que le public connaît le mieux. Par exemple, au cours d'un voyage en Australie, Gillian a rencontré des fans dans un super-marché. Les questions qu'on lui a posées étaient en fait destinées à Scully. Un homme lui a demandé : « Les lunettes que vous portez ne sont pas celles de Scully, n'est-ce pas ? » Évidemment, cet homme savait qu'il n'avait pas affaire à Scully (du moins, nous l'espérons...). Il semble y avoir une zone grise entre les deux femmes. Gillian a même reçu du courrier que lui a fait suivre le bureau du FBI : les lettres avaient été adressées à Dana Scully ! À quelques occasions, des gens l'ont abordée pour lui raconter des histoires d'ovnis et d'extraterrestres, s'attendant presque à la voir téléphoner au quartier général du FBI sur-le-champ. Elle a aussi reçu des centaines de lettres et de cadeaux destinés à Scully, notamment une chanson folklorique hilarante intitulée *Oh Scully, quand embrasseras-tu Mulder ?*

Lors d'une autre visite de la vedette dans un centre commercial de Sydney, Debbie Micallef, mère de deux fillettes, a déclaré à un journaliste du *Sunday Telegraph* qu'elle avait tenu à assister à l'événement parce qu'elle voulait encourager ses filles à devenir comme Scully : « Ça fait du bien de voir un personnage féminin fort dans une émission télé. C'est un bon exemple pour des fillettes qui grandissent ; cela leur montre que les femmes ont un rôle important à jouer dans un monde d'hommes. J'aimerais que mes filles respectent Scully tout autant que Gillian. »

Ce genre de commentaire démontre à tout le moins que les gens ont autant d'estime pour Gillian que pour Scully. Et c'est très

Le style intellectuel et réservé de Scully a servi à briser
une foule de stéréotypes sexistes qui avaient cours à la télévision.

bien puisque Gillian, depuis qu'elle a accédé à la renommée, travaille avec autant d'acharnement que Scully et a réussi une foule de choses qui lui attirent l'admiration des autres femmes. Il va sans dire que le fait d'être la vedette d'une série télévisée populaire est un exploit en soi. Tout comme l'ont été aussi ses études universitaires. Les gens ont également apprécié l'attitude courageuse de Gillian pendant et après sa grossesse, quand elle a dû faire face à de longues heures de travail au retour de son court congé de maternité, surtout après avoir subi une césarienne.

Un autre élément qui a plu au public est la façon dont Gillian a réagi au sujet de la différence de salaire entre elle et David Duchovny. Bien que ce soit là un phénomène courant, l'actrice a été profondément indignée de découvrir que son partenaire était payé dix fois plus qu'elle. Naturellement, cela s'explique en partie par le fait qu'elle était inexpérimentée au début de la série, contrairement à Duchovny. Cependant, très tôt (certains diraient même vers la moitié de la première saison), il est devenu évident que Gillian était aussi essentielle à la série que Duchovny. Dès la troisième saison, c'est Gillian qui récoltait le plus d'attention, obtenant même une nomination aux Emmy Awards, ce qui n'a pas été le cas de David. Il devenait inacceptable qu'il y ait un si grand écart entre leurs salaires. Gillian a donc fait savoir aux producteurs ce qu'elle en pensait, insistant pour obtenir de meilleures conditions salariales. Le bruit a alors couru que le réseau Fox allait la remplacer. Mais ce n'était pas sérieux ; on voulait simplement l'intimider. La manœuvre a échoué et l'actrice a tenu bon, exigeant une augmentation de salaire substantielle et menaçant de faire la grève si les producteurs ne rectifiaient pas la situation : « Il ne devrait y avoir aucune différence. Je crois que cela envoie un mauvais message aux femmes. » Les producteurs étaient coincés : les droits de diffusion étaient vendus un peu partout dans le monde et les demandes ne cessaient d'affluer pour de nouveaux épisodes. En outre, avec les ventes colossales de produits dérivés, la série rapportait beaucoup d'argent. Ne pouvant se permettre de mettre tout cela en péril, les producteurs ont capitulé, augmentant substantiellement le salaire de l'actrice.

Gillian s'est aussi servie de ce conflit pour dénoncer le traitement fait aux femmes dans l'industrie du spectacle. Dans *BC Woman*, elle soutiendra que les préjugés y sont encore très répandus : « Il y a une énorme différence entre la façon dont sont perçus les acteurs et les actrices. Pour obtenir de bons rôles, les femmes doivent être minces. La seule actrice corpulente qui a du succès est Kathy Bates. De plus, une fois qu'une femme atteint un certain âge, elle ne peut s'attendre qu'à un ou deux bons rôles par année, alors que les acteurs masculins continuent à avoir du travail régulier jusqu'à la fin de la quarantaine. Et c'est sans compter le genre de rôles qui sont dévolus aux femmes : nous sommes toujours dépeintes comme des associées, des ingénues ou des parasites. Il est très rare qu'on présente les femmes comme des personnes indépendantes et compétentes. À tout cela s'ajou-tent les incroyables écarts de salaire... Les montants astronomi-ques que reçoivent certains acteurs masculins sont tout simple-ment scandaleux... » Consciente que son salaire de 30 000 $ par épisode est tout de même considérable, elle dira que tout est relatif, bien sûr, mais que cela n'enlève rien à la pertinence de ses revendications : « Les femmes ne gagneront jamais autant que leurs homologues masculins. À Hollywood, on leur fait constam-ment sentir la différence avec leurs collègues, en prétendant que ce n'est pas grave. Mais c'est très grave, au contraire ! »

Gillian est consciente que les gens la confondent avec Scully et elle tente de clarifier les choses le plus possible. Elle est apparue dans divers magazines portant des vêtements à l'opposé de ceux de Scully. Il est évident que cette fusion entre les deux personnalités la préoccupe. Il y a en fait une foule de différences entre elles. D'abord, elles n'ont pas eu la même éducation ; la contestable période punk de Gillian est à cent lieues de l'ado-lescence de la sage Scully. Gillian est reconnue pour pouffer de rire à tout propos sur le plateau, gâchant souvent des scènes par ses fous rires, alors que Scully n'a souri que trois fois et n'a ri qu'une fois en quatre saisons. Gillian a un petit tatouage sur la cheville et une tache de naissance au-dessus de la lèvre supérieure qui doivent être camouflés avec du maquillage pendant le tournage. Bien entendu, elles ont des traits communs. Puisque Gillian ne change pas de voix en jouant, elles ont toutes deux une voix douce et la même manière caractéristique de ne presque pas bouger les lèvres en parlant, à la façon d'un ventriloque. Enfin, elles semblent ne pas avoir de vie en dehors des *X-Files*. Autrement, elles sont radicalement différentes.

La plus grande distinction de toutes est probablement la croyance de Gillian aux phénomènes paranormaux, contrairement à Scully, qui est une sceptique endurcie. Les opinions scientifiques de Scully sont bien documentées, alors que Gillian est presque aussi crédule que Mulder. Elle ne cachera d'ailleurs pas ses idées aux médias : « J'ai toujours été attirée par tout ce qui touche au paranormal. Je suis fascinée par la perception extrasensorielle et la psychokinésie, par la possibilité de vie sur d'autres planètes. Je n'ai pas lu ou fait de recherches là-dessus, c'est simplement un sujet qui m'intéresse. Cette fascination m'a amenée à vouloir comprendre ces questions, à vouloir y croire. Comme bien des gens, j'ai eu des expériences dans ma vie, pas des expériences paranormales, mais le genre d'incident qui vous fait dire : "Mon Dieu ! C'est un vrai miracle que je n'aie pas été frappée par cet autobus..." Ou quand on prononce les mêmes paroles que quelqu'un d'autre au même moment à trois reprises. C'est fascinant, ça fait réfléchir. Ou encore quand un membre de votre famille est à l'article de la mort et revient soudain à la vie. Ce sont des choses qui arrivent tout le temps, c'est la vie. Nous devrions en tenir compte sur le plan spirituel. Je ne parle pas des malheurs ou des phénomènes paranormaux, mais de tout ce pourquoi nous devrions être reconnaissants. Je pense que l'engouement pour les extraterrestres, les anges et toutes ces questions résulte du besoin qu'ont les gens de tendre vers autre chose, de se sentir mieux, de ne plus souffrir. À mon avis, il y a plus de chances qu'il y ait de la vie sur d'autres planètes, que le contraire. Mais c'est seulement mon opinion. »

Gillian se qualifie de « véritable croyante » et traîne *The Tibetan Book of Living and Dying* (*Le Livre tibétain de la vie et de la mort*) partout avec elle. Elle a même déjà dit : « Je ne suis pas une sceptique. Je crois aux ovnis. D'une certaine manière, j'ai toujours cru qu'ils existaient. Sur ce point, Scully et moi sommes très différentes. » Cette déclaration remonte à sa lune de miel, quand Clyde et elle observaient le ciel de Hawaï en espérant y voir des ovnis. Dans un article de l'*Observer,* elle admettra avoir consulté des cartomanciennes à plusieurs reprises et élaborera longuement là-dessus, ce qui montre le fossé entre ses opinions et celles de Scully : « Je me suis déjà fait dire la bonne aventure. Pas souvent, mais ça m'est arrivé. Cela m'a été utile, mais je ne peux pas vous donner d'exemple particulier. Cela m'a guidée à certains moments de ma vie. On ne peut pas poser de questions précises aux cartes de tarot... Je crois que les choses suivent un ordre établi, et que nous sommes ici-bas pour apprendre, évoluer et enrichir notre âme. Toute l'information du monde est ici, autour de nous, et nous n'avons qu'à la laisser venir à nous. Le tarot est une façon d'accéder à cette information. » Et à la question du journaliste lui demandant si tout le monde a un ange gardien, elle répondra : « Je suis sûre que j'en ai un. Nous en avons tous un, peut-être même plusieurs. Mais ce n'est pas quelque chose qui me préoccupe ou dont je parle souvent. »

Son mari confirme cette tendance : « Gillian est attirée par les questions spirituelles, elle cherche à comprendre tout ce qui concerne l'au-delà. » Gillian admet également qu'elle revient de plus en plus à la religion, qu'elle avait rejetée étant enfant : « Quand j'étais à l'école secondaire, je faisais partie d'un groupe plutôt athée et nous avions le sentiment que la religion était une béquille. Mais, ces dernières années, je me suis mise à apprécier la religion, le sentiment de sécurité et de confiance qu'elle procure. J'ai la conviction qu'il y a une lumière au bout du tunnel et qu'il y a une raison à notre existence. »

Elle affirme que certains scénarios d'*Aux frontières du réel* lui font tellement peur qu'elle en est bouleversée, alors que d'autres sont si tirés par les cheveux qu'elle ne peut les apprécier. Cela ne l'empêche pas d'affirmer : « J'aimerais beaucoup voir un extra-terrestre. Il est probable qu'il y a d'autres êtres vivants dans l'univers. Cela ne me surprendrait pas du tout que le gouvernement nous dissimule des choses à ce sujet. Le terme gouvernement est synonyme de complot. C'est évident. » C'est Mulder qui serait fier d'elle !

Comme pour souligner davantage les différences entre Scully et elle, Gillian est convaincue que si elle rencontrait Dana dans un bar, elles n'auraient pas grand-chose à se dire (elle prétend même qu'elle ne regarderait pas la série si elle n'y jouait pas). Ce n'est pas qu'elles ne s'entendraient pas ; mais l'actrice a l'impression que Dana, qui est « follement intelligente », trouverait sûrement leur conversation ennuyeuse. « La majorité de l'information qu'elle a dans le cerveau ne se retrouvera jamais dans le mien, déclarera-t-elle à *BC Woman*. Elle est intrépide, alors que je ne peux imaginer me rendre dans les sombres endroits où elle s'aventure. De plus, elle n'a pas l'esprit ouvert ; j'agis davantage par intuition et je m'intéresse au paranormal. » Pendant un intervalle entre deux tournages, elle a admis que Scully lui manquait : « Je m'ennuie d'elle, j'aime ce personnage. Quand le moment de tourner la prochaine saison approche, je suis ravie à l'idée de la retrouver. »

L'actrice craint toutefois d'être cantonnée dans un type de rôle. En fait, pas tant dans un type de rôle, que dans celui de Scully. Les gens n'accepteraient pas qu'elle interprète des personnages similaires à Scully, encore moins qu'elle joue des personnages différents. Aux yeux des téléspectateurs, elle est tout autant l'agent Dana Scully qu'elle est l'actrice Gillian Anderson, un peu comme Leonard Nimoy est identifié à Spock. Le fait qu'elle n'était pas connue avant la série, contrairement à David Duchovny, signifie qu'elle n'a pas d'image antérieure à retrouver, pas d'éventail de rôles à reprendre. Son désir de se comporter « comme Scully le ferait » lorsqu'elle est en public, dans le but de ne pas décevoir ses fans, ne fait qu'empirer la situation. Pourtant, Gillian semble croire que cela n'entraînera pas de problèmes, comme en témoigne sa déclaration au magazine *SFX* : « On m'offre actuellement des rôles qui sont très éloignés de Scully. Jusqu'ici, je n'ai pas eu de propositions de films, seulement quelques-unes pour des téléfilms. Je n'ai encore rien accepté. »

Gillian parle ouvertement aux médias de son désir de faire du cinéma quand la série sera terminée. Elle fait allusion aux carrières d'Isabelle Adjani, d'Emma Thompson, de Patricia Arquette, de Ralph Fiennes et de Gary Oldman, des acteurs qu'elle admire. Elle aimerait aussi jouer dans des comédies : « Mais attention, des comédies intelligentes, pas du genre *Dumb and Dumber (La Cloche et l'idiot)*. » Elle a confié à *Movieline* : « Je ne veux pas faire un "Film de la semaine". Je voudrais qu'on me confie un petit rôle dans un long métrage. C'est ça, mon rêve. Ce qui est important, c'est le scénario. J'aime les films qui ont quelque chose à dire, ou alors qui ne disent rien, mais avec beaucoup de finesse, comme *Pulp Fiction (Fiction pulpeuse)*. Le cinéma est ma prochaine étape, mais je veux faire très attention en choisissant mon premier film. Il y a plusieurs réalisateurs avec lesquels j'aimerais travailler, notamment Quentin Tarantino. Il y a aussi Mike Leigh et Mike Nichols. Et puis Ron Howard, qui est un grand réalisateur... »

Seulement, la question n'est pas de savoir si on lui offrira des rôles. Dans sa position, cela ne fait aucun doute. Le problème est plutôt de savoir si le public acceptera de la voir incarner d'autres personnages. On n'a qu'à penser à Arnold Schwarzenegger dans ses comédies, à Sylvester Stallone dans *Stop! Or My Mom Will Shoot (Arrête ou ma mère va tirer)* ou à Pamela Anderson dans *King Lear (Le Roi Lear)*. L'apparition de Gillian dans le prochain film

Aux frontières du réel ne fera que renforcer son identification à Scully puisqu'elle sera associée à ce personnage autant au grand qu'au petit écran. Il est vrai qu'elle est financièrement en sécurité pour le reste de ses jours. Mais, sur le plan de la créativité, elle se retrouve dans une impasse. Elle est connue dans 60 pays et par 40 millions de personnes comme l'agent Scully, et cela ne changera pas du jour au lendemain.

Sainte Gillian, priez pour nous...

Notre philosophie:

1. Nous croyons que Gillian Anderson est une déesse.
2. Clyde Klotz, le mari de Gillian, est l'«Élu» (ou le «satané chanceux», selon un fidèle).
3. La fille de Gillian, Piper, est considérée comme la «future déesse». Voici la trinité de l'Église de sainte Gillian. Tous les membres s'engagent à respecter cette sainte trinité.

Pendant la guerre froide, les militaires craignaient que, dans l'éventualité d'une explosion nucléaire, les communications de haut niveau entre les dirigeants terrés dans des bunkers souterrains ne soient interrompues. Les lignes électriques risquaient d'être sectionnées, les immeubles d'être détruits, etc. C'est pourquoi on a consacré d'énormes sommes d'argent à la recherche afin de mettre au point une méthode de communication qui ne cesserait pas de fonctionner si une telle catastrophe se produisait. Le système élaboré par les équipes de recherche était un réseau informatique permettant la transmission rapide, sûre et précise de données numériques. Par la suite, la guerre froide s'est évaporée sous la relative chaleur de la glasnost et de la perestroïka, et ce système de communication n'a jamais été utilisé comme prévu.

Toutefois, à ce moment-là, diverses institutions d'enseignement avaient entendu parler de ce réseau et considéraient qu'il pouvait leur être utile pour établir leurs propres systèmes de communication. L'idée a germé, le système a évolué. Vers la fin des années 80, cela a abouti à un réseau d'ordinateurs reliés les uns aux autres autour du globe. L'Internet était né.

En 1991, l'Internet a commencé à s'ouvrir au domaine public. Les médias et le public en général se sont rapidement aventurés sur l'autoroute de l'information ou dans ce qu'on appelait le cyberespace. Des entreprises se sont vite aperçues qu'il y avait là un énorme potentiel commercial et ont commencé à annoncer leurs produits à des millions d'usagers. On s'est bientôt retrouvé avec des millions de sites couvrant une profusion stupéfiante de sujets : cinéma, télévision, musique, médias, santé, environnement, histoire, plaisir — tout ce qu'on pouvait imaginer se trouvait sur Internet.

Une communauté d'internautes commençait à prendre forme et à tisser des liens, avec un langage, un code et des intérêts communs. Parmi les premiers usagers, on comptait beaucoup d'étudiants qui s'y connaissaient en ordinateurs et qui avaient accès au Web et à une adresse électronique par le biais du serveur de leur université ou de leur collège. Au milieu des années 90, il était devenu évident qu'il ne s'agissait pas là d'un logiciel futuriste à la mode et que l'Internet était là pour rester.

La relation entre l'Internet et la série *Aux frontières du réel* est relativement unique. Jamais auparavant une série n'a eu une relation aussi étroite avec ce réseau, et cela est en partie attribuable à Gillian Anderson, alias Dana Scully. Selon certaines sources, la majorité des usagers d'Internet sont de sexe masculin, sont âgés entre 16 et 35 ans, et s'intéressent aux ordinateurs et aux progrès technologiques. Ironiquement, c'est dans ce même groupe qu'on retrouve les amateurs de science-fiction, et il arrive donc souvent qu'un internaute soit aussi un adepte de films-culte comme *Dazed and Confused (Génération rebelle)* et d'émissions comme *Star Wars (La Guerre des étoiles), Star Trek* et, bien sûr, *Aux frontières du réel.*

Ce qui est fascinant dans le cas d'*Aux frontières du réel*, c'est que, d'une certaine façon, l'Internet a découvert la série bien

Les lunettes de Gillian lui donnent un petit air intello
qui fait craquer ses nombreux admirateurs.

125

avant les médias. Dès le début, des discussions passionnées sur l'épisode de la semaine, les personnages et les intrigues réchauffaient les canaux de fibres optiques sillonnant la planète. Plus la série gagnait en popularité, plus l'Internet était inondé de sites et d'informations à son sujet. Actuellement, la présence d'*Aux frontières du réel* sur le Net est tout simplement époustouflante. Des centaines de sites sont consacrés à la série, dont 40 à David Duchovny et plus de 80 à Gillian Anderson. Environ 8 000 sites supplémentaires font référence à la série. Il s'agit de la deuxième série télévisée la plus populaire sur Internet, immédiatement derrière *Star Trek*.

L'engouement pour l'Internet a coïncidé avec le succès *d'Aux frontières du réel*, ce qui a entraîné la naissance d'une nouvelle créature, le fan des *X-Files*, appelé X-Phile. Un X-Phile qui se respecte navigue fréquemment sur Internet. En fait, de nombreux X-Philes passent des heures à cyberbavarder au sujet de leur émission préférée, soulignant des erreurs de décor et proposant des solutions ou des idées de scénarios. Avec le temps, cela a suscité un type d'engouement très particulier, surtout envers Gillian Anderson. Les fans-clubs les plus connus sont : GAGA, pour The Genuine Admirers of Gillian Anderson (sincères admirateurs de Gillian Anderson) et GATB, pour The Gillian Anderson Testosterone Brigade (brigade testostérone de Gillian Anderson). Ils surnomment l'actrice IDDD, pour « Intellectually Drop-Dead Gorgeous » (intellectuellement hyperséduisante). Après un débat sémantique, certains admirateurs ont changé cette appellation pour GDDI, « Gorgeously Drop-Dead Intellectual » (superbement hyperintellectuelle), qu'ils trouvaient moins « émoustillante ». Il existe même un fan-club israélien ! Les membres de GAGA admettent qu'ils sont « gagas » de l'actrice. Il existe également la Society for the Prevention of Cruelty to Gillian Anderson (société de prévention de la cruauté envers Gillian Anderson) et The Queequeg Memorial Small Yappy Dog Rest Home, à la mémoire du chien de Scully, récemment décédé (baptisé Queequeg en l'honneur d'un personnage de *Moby Dick*). Un fan a même suggéré qu'on mette sur le marché une figurine « One Night Stand Scully » (Une nuit avec Scully), vêtue d'un tailleur conventionnel. « Imaginez la campagne publicitaire ! » disait-il.

L'admiration pour Scully et pour la série ne se limite pas aux sites de fans-clubs. Les forums Internet sont pleins de références à la série, qui a même son propre groupe de discussion : alt.tv.x-files. On trouve aussi des pages où on peut échanger et acheter des produits dérivés et des objets de collection. Un admirateur a payé 1500 $ pour acquérir la carte du FBI plastifiée de Scully. Le Net n'est jamais autant occupé qu'après un nouvel épisode : dans la quatrième saison, quand Mulder a annoncé, l'air de ne pas y toucher, que Scully avait un rendez-vous, l'Internet a aussitôt été assailli par des fans fébriles, désireux d'en discuter et d'en savoir plus. En fait, cette possibilité faisait l'objet de discussions animées sur le Net depuis que des informations sur le scénario s'étaient ébruitées quelques semaines plus tôt. « Mais Scully est catholique, disaient certains. Elle ne ferait jamais ça ! » « Cela l'empêcherait de se consacrer à son travail, affirmaient d'autres. Chris Carter est en train de perdre ce personnage de vue. » « Et avec qui pourrait-elle bien sortir ? Quand ? Où ? » Toutes ces questions et bien d'autres revenaient dans les forums quotidiennement.

Chris Carter et son équipe sont conscients de ce phénomène depuis le début de la série. Étant eux-mêmes des adeptes de l'Internet, ils ont établi un lien particulier avec les internautes, faisant d'*Aux frontières du réel* la première série télévisée vraiment interactive. L'Internet fait partie intégrante de l'expérience « X-Files ». Carter et ses collègues, y compris Gillian, bavardent fréquemment en direct avec les téléspectateurs, discutant des points faibles de la série, recevant des propositions de scénarios ou sondant les réactions à certaines intrigues. Lorsque Scully est réapparue après son enlèvement, le soupir de soulagement « électronique » poussé par les adeptes s'est fait entendre sur l'ensemble du réseau.

Carter tient à ce que l'intérêt des internautes ne faiblisse pas, ainsi qu'il l'a confié au magazine *Sci-Fi Buzz* : « Cela nous oblige à demeurer honnêtes. Les détails scientifiques doivent être exacts et nous devons faire des recherches poussées, car notre auditoire est calé sur le sujet. Il nous surveille attentivement et est toujours prêt à relever la moindre erreur. Tout doit donc être véridique. Je crois que nous devons satisfaire cette clientèle si nous voulons conserver notre popularité. » Sa seule erreur a été de baptiser ces fans du sobriquet affreusement maladroit « File-O-Philes », qui a vite été remplacé par X-Philes.

Certains ont émis la crainte que la série ne devienne bourrée de références comprises uniquement des initiés. Ce jugement est peut-être trop sévère ; il est rafraîchissant de voir les créateurs d'une série populaire discuter directement avec les téléspectateurs, accepter leurs réactions et leurs critiques sans réticences. Bien que ni Gillian ni David Duchovny ne soient de véritables adeptes d'Internet, ils sont tous deux conscients de l'intérêt manifesté dans les forums de discussion. Il est arrivé à Duchovny d'entrer en communication avec un forum au moment où les participants se demandaient pourquoi Scully n'ajustait jamais le siège de la voiture après que Mulder, plus grand qu'elle, s'en fut servi : « C'est la dernière fois que j'ai surfé sur Internet. Ça m'a fait une drôle de sensation d'être ainsi scruté sous toutes les coutures. »

Gillian est un peu plus charitable (il faut dire qu'il y a beaucoup plus de sites qui lui sont consacrés) : « Je crois que c'est merveilleux. En fait, c'est utile à la série. C'est une bonne chose qu'elle ait tant d'adeptes. Je n'ai jamais participé à un forum, mais je suis consciente de ce qui s'y passe. » Elle dira plus tard à *Starlog* : « J'ai récemment visité quelques sites pour la première fois. C'est incroyable à quel point les gens participent ! Si je m'y mettais, je pourrais facilement passer des heures à surfer sur Internet. Mais actuellement, j'ai besoin de consacrer mon énergie à autre chose. » Elle accueille avec méfiance les commentaires sur sa façon de jouer : « C'est une des raisons pour lesquelles je ne veux pas participer. Ce sont là des questions très personnelles. Je ne veux pas que ma perception du personnage soit influencée par l'opinion des gens. J'ai une idée précise de la façon dont le personnage doit être interprété d'un épisode à l'autre, et je veux m'y conformer. Ce qui se passe sur Internet se déroule dans une autre réalité que la mienne. »

Néanmoins, l'actrice a accepté de participer à plusieurs groupes de discussion où les gens pouvaient entrer en communication avec elle et lui poser des questions directement. À ces occasions, les lignes ont été surchargées, ne suffisant pas à la demande. La plupart des fans ont posé des questions « convenables », mais certains X-Philes plutôt bizarres ont réussi à se faire entendre. L'un d'eux a posé cette question à l'actrice : « Avec quelle personnalité publique aimerais-tu avoir une liaison ? S'agit-il d'hommes mariés ? Accepterais-tu que la rencontre soit filmée ? » On raconte que, sur le plateau, les soutiens-gorge de Scully doivent être rangés sur la tablette du haut dans une armoire fermée à clef, de crainte que des fans ne tentent de s'emparer d'un trophée si convoité...

D'une certaine manière, les X-Philes sont similaires aux Trekkies, à une différence près : ces derniers se sont manifestés en majorité après la fin de *Star Trek*. Les X-Philes, au contraire, sont là depuis le début de la série et ont même contribué à son évolution. Aujourd'hui, l'équipe s'amuse avec ces adeptes en dissimulant de faux indices dans les scénarios pour brouiller les pistes. Elle va même jusqu'à les snober dans certains épisodes, comme la fois où Mulder se fait proposer par des cybernautes de se brancher sur le Net pour discuter des incohérences scientifiques de la série *Earth 2* et qu'il refuse, poliment mais fermement, disant qu'il doit rentrer faire sa lessive. Il s'agit d'une réaction plus polie que celle de William Shatner qui aurait déclaré que les Trekkies obsessifs devraient trouver quelque chose de mieux à faire.

« *Chère Gillian, j'ai été désolée d'apprendre que tu manquais de vêtements. Je vais planter de la vigne afin qu'à l'avenir, nous ayons suffisamment de feuilles pour te couvrir si jamais tu te retrouvais à court de vêtements. Avec tout mon amour, mais en me demandant pourquoi tu t'es déshabillée...* »

Mot envoyé à Gillian par sa grand-mère

Un grand nombre de X-Philes sont littéralement fascinés par Gillian Anderson ; c'est pratiquement une condition préalable pour devenir X-Phile. Sur Internet, les discussions vont bon train, cherchant à trancher une fois pour toutes si cette actrice est sexy, intellectuelle ou carrément aguichante. En effet, Gillian, soucieuse de ne pas être confondue avec Scully, a décidé de faire une série de photos provocantes en 1995 et en 1996. Elle savait qu'elle avait beaucoup d'admirateurs, mais elle a été stupéfaite par l'ampleur de la réaction lors de la parution de ces photographies. Les plus célèbres sont celles qu'elle a faites en Grande-Bretagne pour le numéro d'avril 1995 de *FHM,* un magazine qui l'avait surnommée « La femme la plus sexy du monde ». Ce numéro, qui montrait l'actrice à peine vêtue, étendue sur un lit, est celui qui s'est le mieux vendu dans toute l'histoire du magazine. Aujourd'hui, on s'arrache encore les exemplaires en bon état. Le bureau de *FHM* a même reçu un chèque de 200 $ de la part d'un admirateur désespéré. Gillian est aussi apparue dans *New Woman* vêtue d'une combinaison-pantalon en caoutchouc hypermoulante et a souvent été photographiée avec des petites culottes pour seul vêtement, parfois même moins.

Les forums de nouvelles des X-Files résonnent encore des petites annonces réclamant ces photographies. Un autre numéro de magazine qui a connu du succès a été celui du *Rolling Stone* australien montrant Anderson et Duchovny apparemment nus, couchés dans un lit, comme s'ils venaient de faire l'amour. Cette photo a entraîné toutes sortes de rumeurs sur les relations entre les deux acteurs, devant et derrière les caméras. Nul besoin de dire qu'on avait réalisé cette photo par plaisanterie, en sachant bien qu'elle ferait fureur. Sur les sites Internet non officiels, les admirateurs de Gillian vont encore plus loin, simulant des photos pornographiques de la star et transposant sa figure sur les corps nus de superbes mannequins. Dans la vraie vie, l'actrice s'est même vu offrir de poser pour la page couverture et la photo centrale de *Playboy*. On raconte que le magazine lui a proposé des centaines de milliers de dollars, mais qu'elle a refusé sans hésitation.

Si certains admirateurs raffolent de ce genre de photos (du moins les fans de sexe masculin), d'autres ont des réserves. Une jeune fille a déjà dit à Gillian lors d'une rencontre organisée dans un centre commercial : «Dans certains cas, on a même vu une partie de votre soutien-gorge. Comment voulez-vous qu'on vous respecte?» La jeune fille a été fortement huée pour son impertinence. Un internaute a émis une opinion semblable, mais avec davantage de circonlocutions : «J'aimerais manifester mon

Gillian signant des produits dérivés de la série lors
d'une convention à l'hôtel Hilton de Burbank.

opposition. Je ne cherche pas à juger les transitions de person-nalité que je perçois dans les représentations de Gillian Anderson. Je n'éprouve aucune espèce de nostalgie pour l'image "pure" qui était plus en accord avec le personnage de Scully. Je ne veux que relever ce fait et, peut-être, spéculer sur les implications que ces transitions peuvent avoir pour la société en général. » Ah bon?

Gillian est elle-même stupéfaite d'être considérée comme la « femme la plus sexy du monde » et semble trouver cela amusant, comme elle l'a mentionné au magazine *FHM* : « Je n'ai vraiment pas l'impression d'être un sexe-symbole. D'un autre côté, quel-qu'un m'a demandé récemment quel effet cela faisait de travailler avec un homme aussi divinement sexy que David Duchovny. Je n'en suis pas encore revenue : divinement sexy ? » Malgré toute sa modestie, on ne peut nier qu'elle est un sexe-symbole ; le jour où *TV Guide* a osé critiquer sa coiffure, la réaction outrée de cen-taines de fans a surpris même cette publication qui en a vu d'autres. Gillian déclare à ce propos : « On m'a qualifiée de "beauté non conventionnelle", ce qui est un drôle de compliment, mais je sais bien que je n'ai pas le genre de beauté qui se vend à la télé. J'ai un autre type d'attrait. »

La popularité de Gillian atteint son sommet pendant la troi-sième saison. Au début de 1996, elle est pour ainsi dire la prin-cipale vedette de l'émission. Cela devient évident lors de deux séries d'apparitions publiques qu'elle fait cette année-là. D'abord pendant une convention X-Files à Burbank, puis au cours d'une tournée australienne où elle rencontre des fans dans des centres commerciaux. La convention de Burbank est une assemblée offi-cielle se déroulant dans la salle des congrès de l'hôtel Hilton, qui peut contenir 1500 personnes debout. On y a installé une grande quantité de stands pour vendre divers produits dérivés, tous officiels, bien sûr. Malgré le prix d'entrée variant entre 35 $ et 50 $, il y a foule. Les billets du samedi ne se sont pas tous vendus (600 visiteurs se sont présentés), mais le dimanche, avec tous les journalistes qui envahissent les lieux, la salle est pleine à craquer.

L'actrice a dû composer avec les attributs du succès,
notamment les interminables séances de signature

Un X-Phile mécontent remarque même qu'une jeune femme remet des laissez-passer gratuits à ses trois jeunes enfants.

Étant donné que Duchovny ne doit pas assister à cet événement, la présence de Gillian est attendue avec impatience. Quelques minutes avant son arrivée, on projette des séquences de l'émission. Chaque clip est accueilli par des acclamations, les plus fortes clameurs ponctuant le dernier extrait, car tout le monde sait ce qui va suivre. Puis Gillian apparaît sur la scène au milieu d'un tonnerre d'applaudissements, aveuglée par les flashs illuminant les rangées de paparazzis et d'admirateurs massés devant elle. Sa réaction est révélatrice : « Sapristi ! Je ne sais pas quoi dire... C'est incroyable ! Je suis sans voix. »

Secouée par la réaction du public, elle se recueille un instant, puis déclare : « Vous savez, j'avais l'intention de préparer une allocution spirituelle et charmante d'une quinzaine de minutes. Mais si je l'avais fait, je n'arriverais sûrement pas à m'en souvenir... » Au lieu de faire un discours, elle se dit prête à répondre à toutes les questions de son public, qui la prend au mot. Après cette rencontre, elle est encore sous le choc ; c'est la première fois qu'elle mesure l'ampleur de l'adoration qu'on lui voue : « J'étais très nerveuse avant d'entrer dans la salle, je ne savais pas à quoi m'attendre. Je suis beaucoup moins nerveuse maintenant. Les gens dans l'assistance ont été fantastiques, merveilleux, vraiment gentils et raisonnables — la plupart d'entre eux, du moins. Ils sont venus parce qu'ils adorent la série. Ça a été une expérience extraordinaire. »

Le deuxième signe révélateur de l'ampleur du phénomène Gillian Anderson se manifeste lors de sa tournée australienne de l'été 1996. Comme peu de célébrités se rendent en Australie, celles qui le font attirent généralement les foules. La première apparition de Gillian doit avoir lieu au Southland Shopping Mall. L'actrice ne s'est prêtée à ce genre d'activités qu'une seule fois auparavant, dans une petite librarie de Munich. Il n'est donc pas étonnant que la jeune femme soit stupéfaite d'apprendre que plus de 12 000 personnes l'attendent à l'extérieur du centre commercial.

La journée tourne vite au cauchemar quand la foule commence à se ruer sur la scène où Gillian vient de monter. C'est une véritable bousculade. De nombreuses personnes sont blessées dans la mêlée. Les agents de sécurité et les policiers appelés en renfort n'arrivent pas à contrôler la situation. Les organisateurs doivent recourir aux haut-parleurs pour demander aux gens de rester calmes, pendant que des fans s'évanouissent un peu partout. En l'espace de quelques minutes, les ambulances qui attendaient non loin de là se remplissent d'une vingtaine de personnes, blessées dans la bousculade ou en état d'hyperventilation. Gillian est terrifiée ; elle doit prendre elle-même le micro pour lancer un appel au calme : « Les gens se font écraser. Nous ne voulons pas avoir à faire d'autopsies. » La situation va en empirant, et on doit même retirer de jeunes blessés de la cohue.

Le calme revient enfin, et Gillian répond aux questions de ses fans. Entre-temps, plusieurs faits ont émergé du chaos, révélant à quel point les gens vouent un culte à l'actrice. La première personne dans la file d'attente pour obtenir un autographe est un homme qui a passé la nuit dans le stationnement du centre commercial et a commencé à faire la queue dès 2 h du matin. Parmi les jeunes qui se sont évanouis, un grand nombre attendaient là depuis 8 h le matin, sans avoir bu ni mangé. Comme le mentionne un ambulancier : « Le rythme de leur respiration s'est modifié dès que la dame *d'Aux frontières du réel* est apparue sur scène. » Une femme a dû être transportée sur une civière, inconsciente, serrant dans sa main une vidéocassette qu'elle n'a pas réussi à faire signer. Un homme qui avait déposé ses paquets pour aider des blessés s'est fait voler plus de 1 000 $ de marchandises. Un autre homme s'est fait dérober une veste de 80 $, mais se dit tout de même heureux, car il a pu faire autographier deux objets par Gillian. Finalement, on met un terme à l'événement une demi-heure plus tôt que prévu afin d'éviter que les fans hystériques ne subissent d'autres blessures.

Le lendemain, à l'abri dans sa chambre d'hôtel, Gillian confie ses impressions au *Melbourne Herald Sun* : « Je n'ai jamais vécu une expérience pareille. Je n'avais jamais fait d'apparition dans un centre commercial auparavant, et je n'avais donc aucune idée de ce que cela représentait. L'accueil a été irrésistible, tout à fait incroyable. Il faut que je me fasse à l'idée... C'est le genre d'activité que je ne pourrais faire qu'une seule fois par an, et seulement pour de courtes périodes. »

L'actrice est si accaparée par cette tournée qu'elle ne peut vraiment visiter l'Australie. Elle fait cependant de la plongée avec tuba en compagnie de requins gris dans le bassin de Manly's Ocean World. Elle manque de temps pour faire quoi que ce soit d'autre, et la scène d'hystérie de sa première apparition se répète dans chacune des trois villes où elle s'arrête pour faire la promotion de la vidéocassette de la série. En tout, plus de 30 000 personnes font la queue pour rencontrer la star à ces trois occasions. La deuxième fois, plus de 80 blessés doivent être retirés de la foule. Dans la première rangée se trouve une adolescente de 13 ans qui arbore le mot « Scully » sur son front et des « X » sur chaque joue ; elle est là depuis 5 h du matin. Cette fois, le premier dans la file d'attente pour les autographes est un père de famille d'une trentaine d'années appelé Peter Brown, qui déclare, avec une joie de gamin : « C'est la meilleure série télé. Scully est superbe. Je suis si content, j'ai hâte de la voir ! »

Malgré ces témoignages de fanatiques, Gillian semble ne pas mesurer la portée de sa renommée. Lors de la première cérémonie des Golden Globe Awards, elle paraît sincèrement abasourdie en apprenant que la série remporte un trophée. Comme à son habitude, elle se montre très gentille envers David Duchovny qui, contrairement à elle, n'est pas en nomination aux Emmy Awards ; aux yeux de Duchovny, il s'agit d'un « oubli troublant ». En Australie, à son arrivée à l'aéroport international de Sydney, Gillian est perplexe en apercevant le barrage de journalistes venus la photographier : « Si je me permettais un seul instant de croire que 12 000 personnes sont prêtes à faire la queue pour me voir, je deviendrais folle, je perdrais la tête... » De toute évidence, la situation la met mal à l'aise, comme en fait foi son témoignage au *Sunday Telegraph* de Sydney : « J'ai tendance à être très réservée, je n'apprécie donc pas que les paparazzis me suivent partout et envahissent mon intimité. Je n'aime pas me retrouver dans des endroits où il y a plein de gens. Je déteste les foules. Quand vous êtes dans un état d'esprit le moindrement vulnérable, vous pouvez être énormément désorienté et importuné si vous vous mettez dans une position où des centaines de gens luttent pour attirer votre attention et s'attendent à ce que vous soyez à la hauteur de leurs apirations. Cela peut être très épuisant émotionnellement. »

L'actrice d'expérience Lauren Bacall prodigue des conseils judicieux à Gillian lors de la première du film If These Walls Could Talk *(Si les murs racontaient).*

137

Rien ne va plus

Mulder : « *Crois-tu qu'il y a une vie après la mort, Scully ?* »
Scully : « *Je me contenterais bien d'une vie avant la mort.* »

Vers la fin de 1996, la série *Aux frontières du réel* et ses deux acteurs principaux sont connus de tous. Surtout Gillian Anderson, qui est couronnée cette année-là « femme la plus sexy du monde » et qui relègue Duchovny au second plan en matière de trophées, de couvertures de magazines et d'invitations à des talk-shows prestigieux. Des rumeurs ont toujours couru au sujet de leurs relations, supposément glaciales. Maintenant que la jeune femme est plus célèbre que son collègue, ces bruits reprennent de plus belle. Pendant ce temps, Duchovny demeure froid et réservé, égal à lui-même. Les deux acteurs continuent à travailler de longues heures, et la pression exercée sur l'équipe croît avec chaque nouvelle marque d'estime envers la série.

Si Gillian a fait preuve d'une résistance admirable pendant sa grossesse, les enjeux sont maintenant plus élevés. Elle a dû dire adieu à son intimité. Il lui est désormais impossible d'arpenter les rues de Vancouver incognito. En outre, ses efforts pour protéger son mari et sa fille des regards indiscrets des médias ont fait de leur maison une véritable prison. Elle a dû se résigner à payer le prix élevé de la gloire et du succès.

Au début, Gillian s'était montrée positive envers la série et l'effet bénéfique que celle-ci avait sur sa vie. À présent, dans les entrevues qu'elle accorde, l'actrice laisse entendre, sans toutefois l'avouer carrément, qu'elle a révisé ses positions : « Eh bien, oui ! Il y a des moments où je souhaite que tout cela s'arrête, que quelque chose qui fasse que je n'aie plus à travailler 16 heures par jour se produise. Puis je passe une bonne journée, je trouve le travail agréable et le scénario intéressant, j'ai du plaisir et tout se déroule à merveille. Et alors, je change d'avis. C'est comme dans la vie, vous savez ? »

Elle confie au *Herald Sun TV Guide* : « Nous allons tous nous souvenir de ces années comme des plus belles de notre vie. Nous avons vraiment fait bouger les choses, nous avons pris beaucoup de risques. Nous avons participé à quelque chose de très spécial. Nous pouvons être fiers d'avoir pris part à un projet de cette envergure et d'en avoir fait un si gros succès... Notez bien qu'après *Aux frontières du réel,* je ne ferai jamais plus de série télé. »

Elle va encore plus loin en déclarant au *Los Angeles Time* que l'horaire imposé par la série est « un véritable arrêt de mort ». Ses coéquipiers sont consternés et Chris Carter se sent trahi. Après tout, c'est lui qui a défendu les droits de l'actrice depuis le début, qui l'a engagée malgré son inexpérience. De plus, elle n'est pas la seule à se taper toutes ces heures de travail ; ses collègues subissent les mêmes contraintes. « J'étais fâché, admet Carter. Je l'ai appelée et je lui ai dit : "Écoute, cette série est une chance qui n'arrive qu'une fois dans la vie. Je comprends que tu trouves ça dur, que tu aies l'impression de ne plus avoir de vie. Mais si nous nous sentions tous comme cela, nous serions aussi bien de laisser tomber et de rentrer chez nous." »

Gillian finit par lui faire des excuses ainsi qu'au reste de l'équipe, mais les choses ne s'arrangent pas. Le bruit court qu'elle se drape dans son statut de vedette, joue à la diva, fait des caprices de star, pique des colères. On raconte qu'elle fait face à tout un dilemme : quel designer, parmi Fiso Verani, Jax, Armani et Maximara, est le plus indiqué pour Scully ? Elle ne

Gillian est devenue un véritable sexe-symbole, et les nombreuses séances de photos érotiques auxquelles elle se prête ne réussissent pas à ternir sa réputation.

Melody Maker

THE WHO BLAIRS WINS! ELECTION REACTION SPECIAL

May 17, 1997 85p

EVERYTHING MUST GOAL!
MANICS, SPACE and THE BEAUTIFUL SOUTH
at the Hillsborough Justice Concert

I SHOULD POGO!
SUPERGRASS, PLACEBO
BECK and THE PRODIGY
live spectacular!

COP AN EIFFEL OF THIS!
Down and out in Paris
with NICK CAVE

X and drugs
GILLIAN ANDERSON
Stealing, Scully, Sex W...
The...

KENICKIE ★ 3 COLOURS RED ★ EEL
TEENAGE FANCLUB ★ CAKE ★ ROL
JON SPENCER and the 'SEXMUSIK'

DAVID BOWIE! PAVEMENT! SILVERCHAIR

Rolling Stone

The **X FILES!**

PHISH
AMERICA'S
BIGGEST
JAM BAND!

COMAG £3.0

DISASTER ON EVEREST — A SURVIVOR'S STORY

Esquire

DECEMBER 1996/JANUARY 1997 £2.70

GILLIAN ANDERSON
THE SECRET OF X APPEAL

PLUS OUR
FAVOURITE
WOMEN OF
THE YEAR

**THE MAN WHO
MADE OASIS**
'I nearly died from
drugs and booze'

SO YOU
THINK YOU
KNOW ABOUT
SPORT?
Test your
knowledge in
the ultimate
quiz

**LOUISE
WENER**
Sleeper's
sex symbol
mouths off

WOULD
YOU FALL
FOR A THAI
BAR GIRL?
One man did
and live
regret...

SUMMER DOUGAL DEMI MOORE OASIS LIVE FRIENDS

SKY MAGAZINE

FREE LAGER!
A CAN OF
JOOK FOR
EVERY
READER

Work? Sod
that...
SKY'S
COLLEGE
SPECIAL
*15 ways
to pull
a fresher
*Students
on the
game
*Sleeping
with
the landlady

"I used to be a good little girl"
AGENT SCULLY
and a secret past:
the real Gillian Anderson

DON'T WATCH JUST AN...

the Box

JUNE/JULY 1997 £1.95

THE
NEARLY NEW
TELEVISION
MAGAZINE

Cr...

Badgers ...

X-FILES
INTERVIEW
DAVID DUCHOV
**It's a
dirty job**
but someone's
got to do it

FREE INSIDE: A
SP

THE FACT AND FICTION OF THE UNEXPLAINED

X POSÉ

REBIRTH
Reincarnation:
the evidence

Series creator Chris Carter on the future of
THE X-FILES

DYLAN
and 49 other
terribly cool
televisual
dudes

signe pratiquement plus d'autographes, éconduisant froidement ses admirateurs. Depuis des mois, elle ne prend plus la peine de lire les lettres de ses fans (il faut dire que son courrier est volumineux). Cela contraste avec son attitude des premiers temps, quand elle était reconnue pour son humilité sur le plateau. Aujourd'hui, elle a un coiffeur, des assistants, des bonnes d'enfants et une garde-robe pleine de vêtements luxueux signés par de grands couturiers. Gillian a vite pris goût aux avantages de la célébrité, comme en témoigne cette déclaration très « hollywoodienne » : « C'est merveilleux que les gens aiment la série, mais présentement, je ne suis pas d'humeur à me faire importuner. J'essaie de rester polie, mais parfois, je dois fixer des limites. C'est essentiel si je veux demeurer saine d'esprit. »

De toute évidence, elle commence à en avoir assez de Scully et de tout ce que ce rôle implique, surtout pour sa vie de famille. Elle cache de moins en moins son impatience, déclarant à *Radio Times* : « J'étais plutôt nerveuse après la première année, car je me sentais prisonnière de cette situation. Aujourd'hui, j'essaie de voir ça comme une courte période dans une longue existence. La série sera terminée en moins de rien, et elle a eu une influence bénéfique pour la plupart des membres de l'équipe. Je ne parle même pas de l'aspect financier, mais de l'impulsion qu'elle a donnée à nos carrières. » Par contre, l'influence sur sa vie de couple semble moins positive. À un journaliste qui lui demande si la série et le succès ont entraîné des difficultés entre Clyde et elle, l'actrice répond : « Je ne vois pas pourquoi il devrait y avoir des problèmes, mais il y en a, et je préfère ne pas en parler. »

De telles entrevues finissent par donner naissance à des rumeurs selon lesquelles Gillian en aurait assez et songerait à quitter la série. Cependant, l'actrice dément fermement ces ragots et met les choses au clair dans une entrevue accordée au magazine *TV Extra* du *Sunday Telegraph* : « J'ai promis à Chris Carter que je resterais. L'émission durera le temps qu'il faudra, mais j'espère qu'elle ne s'éternisera pas indûment. »

Quand Gillian a commencé à interpréter Scully, elle avait 24 ans. Elle est maintenant une mère de famille de 28 ans, et n'a qu'un seul rôle important à son actif. Pendant que d'autres actrices élargissaient leur registre, elle est restée cantonnée dans un rôle. Elle a toutefois obtenu quelques contrats en dehors d'*Aux frontières du réel*. Elle a notamment prêté sa voix à un personnage appelé EVE dans le jeu Hellbender de Microsoft et fait la présentation de l'émission *Why Planes Go Down,* diffusée par Fox. Duchovny et elle ont également fait les voix de deux agents du FBI pour *Les Simpson,* dans un épisode où Bart prétend avoir vu des ovnis. Elle a aussi fait la promotion d'une série intitulée *Spies Above* et d'*America's Most Wanted*, puis prêté sa voix pour un certain nombre de cassettes audio de romans inspirés d'*Aux frontières du réel*. Mais dans tous ces rôles, elle était inextricablement liée à la série et à Scully. Elle en est consciente, et se demande parfois si elle a fait les bons choix : « Ça m'a permis de travailler sans arrêt, ce qui est très bien. Mais j'ai tout de même l'impression d'être passée à côté de rôles merveilleux. Je suppose qu'il est inutile de gaspiller mon énergie à me lamenter parce que je n'ai pas pu faire *Sense and Sensibility (Raison et sentiment)* ou autre chose du genre... »

C'est de toute évidence pour cette raison que Gillian entreprend d'étendre le champ de ses activités artistiques. Au début de 1997, sa carrière cinématographique commence à prendre son envol. Elle accepte non pas un rôle, mais deux à la fois. Ses fans, qui ignorent qu'elle a déjà joué dans le film *The Turning*, croient qu'elle fait là ses débuts au cinéma. En fait, c'est la première fois qu'elle joue dans des productions importantes. La première est le film indépendant *Hellcab*, qui met en vedette John Cusack, Laurie Metcalf et Julianne Moore. La deuxième est le film à gros budget *Freak the Mighty,* où elle joue aux côtés de Sharon Stone (également productrice exécutive), Harry Dean Stanton et Gena Rowlands. Le scénario s'inspire du roman de Rodman Philbrick et raconte l'histoire d'un enfant surdoué qui souffre d'une maladie

Les intrusions dans la vie privée de l'actrice reprennent de plus belle quand les rumeurs de rupture s'étalent à la une des journaux.

asked: The Briton
n dumped her X for

MONSTER ROLE: Adrian Hughes in TV make-up

'Adrian swore his family to secrecy and his mother was terrified that the truth would get out'

EXCLUSIVE BY JOHN CHAPMAN

THE TRUTH is finally out for X Files star Gillian Anderson. Her new love is Briton Adrian Hughes, a former model who has delayed hit parts in the TV strike...

ALIENBAND: Gillian and her husband

THE **EX FIL**

Scully falls for toyb
extra on hit TV sho

OLD FLAME: Gill hugs hubby Clyde

AT HOME: Her Vancouver mansion

STAYING MUM: With daughter Piper

WORLD'S TOP MOST Beautiful Women The Top 12 GILLIAN ANDERSON

Private

Ambitious

MIRROR, Mirror on the wall, with Soccer Sausage you'll have a ball

---

X-FILES SCULLY DITCHES HUSBAND

Mirror EXCLUSIVE: The truth is.. she's got a toyboy

SEE PAGE 3

dégénérative et arrête de grandir à l'âge de six ans. Cela rappelle douloureusement à Gillian l'enfance difficile de son jeune frère. Sharon Stone incarne la mère du petit garçon, et Gillian interprète une moins que rien appelée Loretta. C'est la première étape vers des rôles qui s'éloignent de Scully.

Au cours de l'été 1997, l'actrice commence à tourner le film *Aux frontières du réel* en attendant le tournage de la cinquième (et peut-être dernière) saison de la série à l'automne. Elle trouve quand même le temps de participer à l'enregistrement du single *Extremis,* du groupe techno britannique Hal. Elle a entendu cette pièce musicale pour la première fois quand elle animait la série *Future Fantastic,* qui s'en servait comme musique d'accompagnement. Séduite, elle a demandé au producteur de quoi il s'agissait. Plus tard, elle s'est vu offrir de participer au single. Elle confie à David Lipsky, de *Rolling Stone* : « On m'a proposé de lire quelques textes, qui étaient à la fois poétiques et érotiques. Je crois que nous avons réussi à produire un très bon single de danse. C'est vraiment super. Il ne s'agit pas d'une nouvelle carrière, mais j'ai trouvé cela stimulant et amusant. » Elle cherche déjà à élargir ses horizons sur le plan de la carrière. Peu importe ce que l'avenir lui réserve, elle est certaine de ne pas manquer de travail.

Le 13 janvier 1997, quand les gros titres des tabloïds annoncent que l'actrice et son mari divorcent, son entourage n'est pas surpris, mais le public est sous le choc. Plusieurs reportages « exclusifs » relatent les mêmes faits : le mois d'octobre précédent, l'actrice a quitté la maison familiale après avoir succombé au charme d'un acteur qui a joué dans quelques épisodes d'*Aux frontières du réel.* Le bruit court qu'elle veut divorcer. Nul besoin de dire que tous les médias du monde se précipitent sur sa maison et sur le plateau de tournage pour interviewer quiconque a déjà été en contact avec l'actrice. Il y avait cependant eu des signes avant-coureurs de cette rupture, comme l'indique cette déclaration de l'actrice dans le magazine *Sky* : « N'importe quelle personne dans ma situation ne serait pas facile à vivre... Je suis quelqu'un de résolu. Je fais ce que je veux. Je ne veux pas contrôler, mais je sais ce que je veux. Je suis plus ambitieuse que mon mari, j'ai des choses à accomplir. Je ferai ce qu'il faudra pour me rendre là où m'appelle mon destin. »

Pour empirer les choses, les médias la dépeignent comme une méchante qui a quitté son mari attentionné et sa charmante petite fille pour suivre un jeune homme qu'elle vient à peine de rencontrer. Clyde reste seul dans leur maison pour affronter les journalistes, mais leur déclare qu'il est « encore trop tôt pour parler de divorce ». Cette semaine-là, il quitte leur manoir de 2,5 millions de dollars et s'installe avec Piper dans un appartement minable de 200 $ par mois au centre-ville de Vancouver. Toutefois, les paparazzis ne veulent toujours pas le laisser tranquille et racontent qu'il revoit une de ses anciennes flammes, une brunette qu'on aurait aperçue quittant l'appartement après y avoir passé de longues heures.

Pendant ce temps, les journaux citent Gillian qui, selon leurs dires, parle avec enthousiasme de son nouvel amant et avec mécontentement de son mari : « Mon mari m'ennuie... Notre mariage est terminé, nous n'avons plus rien en commun. » Le *Sun* cite un ami de l'actrice : « Clyde est assommé. Il souhaite désespérément se réconcilier avec Gillian, mais elle dit qu'elle est passée à autre chose. Sa carrière vient d'atteindre un sommet, elle est maintenant la femme la plus désirée du monde. Elle a le sentiment qu'ils n'ont plus rien en commun à l'exception de leur fille. Elle dit que ce mariage l'étouffe. » Le calme, la fiabilité et la loyauté de Clyde ont fini par ennuyer la jeune femme qui, pendant son mariage, est passée d'actrice inconnue à une célébrité internationale. Ce sont précisément les qualités qui l'avaient séduite chez Clyde qui lui déplaisent aujourd'hui. Le même ami poursuit en disant : « Gillian est devenue une véritable star, mais Clyde n'a pas changé. Il fréquente les mêmes amis, mange au même restaurant presque tous les soirs... Et il déteste que les gens l'appellent M. Gillian Anderson. »

Personne ne sait où Gillian se trouve pendant la période des fêtes de fin d'année. Puis on apprend qu'elle est allée dans la famille de son nouvel amant, dans la ville plutôt ordinaire de Walking, East Yorkshire. Elle y est passée inaperçue, se promenant dans la ville vêtue d'un chaud manteau d'hiver pour se protéger du froid et de la neige. Son amant s'appelle Adrian Hughes, bien que sa famille porte le nom de Hockey. Il arbore fièrement au menton la petite barbiche qui est à la mode en 1997. Selon les sources, il est âgé de 23 ou de 32 ans (soit un petit jeune ou un vieux riche!)

Bien sûr, la presse suit la piste de Gillian jusqu'à Walking, mais la mère d'Adrian prétend ne jamais avoir entendu parler de cet homme et dit que sa famille n'a rien à voir avec ce scandale. Dans une entrevue menée sur le pas de sa porte, elle affirme: « C'est de la foutaise. Mon fils s'appelle Sam et vit au Nouveau-Mexique. Je ne l'ai pas vu depuis des années. Ma fille Pippa est allée au Canada l'an dernier et a interviewé Gillian Anderson, mais c'est à peu près le seul lien que notre famille a avec *Aux frontières du réel*. » Le journal qui rapporte ces propos insinue que tous ces mystères pourraient bien avoir pour but de ne pas nuire à Gillian en cas de lutte pour la garde de Piper.

Apparemment, Adrian a quitté l'Angleterre dans sa jeunesse, accompagnant son père au Canada après le divorce de ses parents. Arrivé dans ce pays, il a entrepris de devenir acteur. Après de nombreuses auditions, il a obtenu un petit rôle dans la série *Aux frontières du réel*. Et c'est supposément sur le plateau de l'émission que Gillian et lui se sont rencontrés et sont devenus amoureux. On raconte aussi qu'il a accompagné Gillian à Londres quand celle-ci y a enregistré un single.

Durant ce temps, Piper est restée au Canada en compagnie de son père. Selon les lois canadiennes, Clyde a droit à la moitié des gains que sa femme a acquis au cours de leur union; cette fortune est évaluée à 5 millions de dollars. Contrairement à ce qu'on croyait, on apprend que Clyde n'aurait pas donné sa démission quand Gillian est tombée enceinte, mais qu'il aurait été mis à la porte par les producteurs d'*Aux frontières du réel*.

La nuit où cette nouvelle « scandaleuse » se répand, les X-Philes se précipitent sur Internet. En quelques minutes, un groupe de discussion, intitulé « Scully, sainte ou salope ? », se forme. Deux clans s'affrontent, l'un prétendant que Clyde n'est qu'une poule mouillée, l'autre que Gillian est une prima donna carriériste. Des centaines d'admirateurs de Gillian se réjouissent à l'idée que leur idole est de nouveau libre (enfin, presque). D'autres, plus réalistes, rappellent que toute cette histoire risque d'avoir des effets négatifs sur la jeune Piper et affirment que Clyde et Gillian se sont mariés trop vite. Un fan avance, à titre d'hypothèse, « dix raisons pour lesquelles Gillian a laissé son mari ». Des intervenants soulignent ce qui est, à leur avis, une coïncidence « paranormale » : Gillian a eu un nouvel amant au moment précis où on a diffusé le fameux épisode dans lequel « Scully a un rendez-vous »...

Trois semaines plus tard, les choses prennent une tournure plus tragique. Ce sont de nouveau les tabloïds qui annoncent la nouvelle. Le petit ami de Gillian aurait déjà été arrêté et accusé d'agressions sexuelles graves. Il aurait attaqué trois femmes différentes en l'espace de quatre ans. En fait, on l'accuse d'être un agresseur sexuel en série. Cinq femmes l'ont accusé d'agression sexuelle, et deux autres de viol. Toutes ces femmes sont dans la vingtaine et ont tenu à le dénoncer afin d'éviter qu'il ne fasse d'autres victimes. Ces accusations ont été portées avant qu'il ne rencontre Gillian, et aucune de ces femmes n'était au courant des autres agressions.

Une des victimes est Lavonne Rathie, assistante à la production d'*Aux frontières du réel*. Elle affirme qu'en novembre 1991, Hughes l'a violée et battue jusqu'à ce qu'elle perde conscience. Elle a obtenu une injonction lui interdisant d'entrer en contact avec elle, mais cette interdiction a dû être adoucie afin de permettre à Hughes d'avoir des « contacts professionnels » avec elle sur le plateau. Apparemment, il aurait été formellement

accusé de ce viol il y a cinq ans, mais les poursuites auraient été abandonnées pour des « points de droit ». Plusieurs des autres plaignantes ont obtenu des injonctions interdisant au jeune homme de s'approcher d'elles. L'une d'elles a déclaré : « Hughes est un porc... Il n'a du plaisir que s'il force sa partenaire. » Une autre raconte que Hughes l'a invitée à regarder *The Little Mermaid* (*La Petite Sirène*) : « Avant que je ne puisse réagir, il m'a jetée sur le sol et s'est mis à me tripoter. »

L'agresseur est semble-t-il bien connu des tenanciers de bars de Vancouver qui le tiennent pour un bagarreur. Deux d'entre eux lui ont interdit de fréquenter leur établissement, où il aurait causé du grabuge. Hughes confirme ce dernier fait, mais évite de répondre aux questions des tabloïds concernant sa relation avec Gillian. Rien ne permet de supposer qu'il aurait agressé l'actrice.

Entre-temps, le siège de la famille de Hughes s'intensifie dans le Yorkshire. À force d'être interrogée par la presse, la mère d'Adrian finit par changer de refrain : « Ils travaillent ensemble, fréquentent le même cercle et sont de grands amis. » Des documents officiels révèlent que le véritable nom de Hughes est Stanley Adrian Hockey. Il nie avoir une liaison avec Gillian, soutenant que leur relation est purement platonique et que Gillian et sa sœur sont de bonnes amies. En ce qui concerne les vacances de Noël que l'actrice aurait passées en sa compagnie, il explique qu'elle a été reçue comme amie de la famille pendant qu'elle enregistrait un single. Il dit que pendant son séjour, elle a lavé la vaisselle, joué à des jeux de société, participé à une bataille de boules de neige dans le jardin — rien de plus. On finit par apprendre que Hughes a interprété un des frères dans « Le Village », un des épisodes les plus macabres de la série. On espère pour Gillian qu'il a meilleure allure que l'affreux Sherman Nathaniel Peacock !

Après que le tumulte causé par sa rupture se fut un peu apaisé, Gillian fait ce commentaire : « Il n'y a rien de vrai dans ces histoires. Notre relation est purement platonique, rien de plus.

En février 1997, les rumeurs semblent confirmées quand Gillian se présente à la remise des Screen Actors Guild Awards accompagnée de son nouvel amant.

Nous sommes devenus de bons amis, nous nous entendons bien. Les gens s'imaginent que nous avons une liaison, mais c'est tout à fait ridicule. » Cependant, dès que la nouvelle des agressions sexuelles se répand, on apprend que Gillian aurait mis un terme à sa relation avec Hughes. D'abord, elle dit ne pas sortir avec lui, puis elle le quitte... Toute cette histoire suscite beaucoup d'inquiétude dans l'entourage de l'actrice, qui craint que la publicité n'ait un effet négatif sur ses chances d'obtenir la garde de sa fille. Pendant ce temps, bien sûr, Clyde est dépeint comme un père stable et attentionné. Malheureusement, tout ce battage publicitaire est inévitable, et le nom de la jeune femme est maintenant étroitement lié à celui de Hughes.

Quand les médias réussissent à le joindre dans sa maison de Kitsilano, en banlieue de Vancouver, ce dernier confie : « C'est l'enfer. Je n'en peux plus. J'en ai tellement assez de tout ça que, l'autre jour, je suis sorti en courant de la maison pour engueuler deux journalistes britanniques qui attendaient sur le trottoir. Ma maison est assiégée, la maison de ma mère en Angleterre est assiégée, mon agence est assiégée, les maisons de mes amis sont assiégées, les maisons des amis de mes amis sont assiégées... En ce qui concerne les sujets de conversation que je peux avoir avec Mme Anderson, je n'ai aucun commentaire à faire. Premièrement, j'ai une petite amie, et elle ne s'appelle pas Gillian. Deuxièmement, Gillian Anderson et moi sommes des amis. Enfin, à cause de tout ça, il se peut bien que ma relation avec ma petite amie et mon amitié avec Gillian ne prennent fin. »

Comme si ce n'était pas assez, le bruit se met à courir qu'il y a des difficultés sur le plateau d'*Aux frontières du réel*. Duchovny aurait dit ne pas être certain de vouloir continuer après la cinquième saison. Il confie à *Rolling Stone* qu'il craint d'être cantonné dans un type de rôle, que la série lui est un fardeau et qu'il sera soulagé quand elle sera terminée. Il prédit que des problèmes peuvent surgir si Gillian et lui ne font pas attention : « Ce qui est horrible, c'est que notre vie est devenue publique. On ne réalise l'importance de l'anonymat qu'une fois qu'on l'a perdu et qu'on ne peut plus le retrouver. C'est là qu'on s'aperçoit que c'est une grande perte. Même quand une carrière se met à piquer du nez, il est impossible de retrouver son anonymat. On passe de héros à zéro... Dans les deux cas, ce n'est pas très agréable. »

Selon certaines sources, Chris Carter songerait également à tout abandonner. Il aurait déclaré ne vouloir continuer que si leur budget devenait « comparable à celui de *Seinfeld* » (1 million par épisode). Une autre rumeur laisse entendre que Gillian veut intenter un procès aux producteurs et qu'elle refuse de signer son contrat pour le long métrage si ceux-ci ne lui accordent pas le même salaire que Duchovny. En effet, malgré ses protestations antérieures, l'actrice gagne toujours moins que son collègue. Tout ce brassage médiatique a lieu au moment où s'amorce la quatrième saison, ce qui, ironiquement, a pour effet d'augmenter les cotes d'écoute, qui surpassent celles des premiers épisodes des années précédentes. Mais le pire est encore à venir. On raconte que le personnage de Scully risque d'être éliminé, qu'on le fera mourir d'un cancer.

Cette rumeur prend naissance après la diffusion de l'épisode « Régénérations », pendant lequel le nez de Scully se met bizarrement à saigner. Toutes sortes de théories prennent forme sur Internet quant aux répercussions que cela pourrait avoir dans l'émission. Certains disent savoir de source sûre que Scully a une tumeur. Cela aurait-il un lien avec l'implant extraterrestre trouvé à la base de son cou à la suite de son enlèvement? Ou est-ce une façon pour les producteurs de menacer l'actrice de congédiement si elle continue à exiger des augmentations de salaire? Les X-Philes commencent à paniquer: comment les producteurs peuvent-ils même songer à faire mourir Scully alors que le personnage de Clyde Bruckman a déclaré qu'elle ne mourrait pas? Qui continuera à regarder l'émission si elle n'est plus là? Il semble plutôt improbable qu'elle disparaisse, mais avec *Aux frontières du réel,* on ne sait jamais...

Pour ajouter encore plus à la confusion, le bruit court que Gillian et Duchovny se fréquentent. Des témoins disent les avoir aperçus ensemble dans la ville de Vancouver, chose qui ne s'est jamais produite auparavant. Anderson est célibataire, Duchovny a eu une mauvaise année sur le plan amoureux... Pourquoi pas? Ces ragots sont toutefois non fondés. Ils ont pris naissance quand David a planté un baiser au coin de la bouche de Gillian au cours de la cérémonie des Golden Globe Awards de 1997. Ce soir-là, ils ont tous deux reçu un trophée et *Aux frontières du réel* a gagné le prix de la Meilleure série dramatique.

Le succès obtenu aux Golden Globe Awards aurait dû être une raison de célébrer. Malheureusement, dans les circonstances, cette soirée ne fait que donner naissance à d'autres spéculations. La robe signée Armani que portait Gillian est tournée en dérision par plusieurs. En acceptant son trophée, elle a prononcé un discours ennuyeux, négligeant de remercier Duchovny. Chose plus inquiétante, certains rapportent qu'elle semblait ivre et mal à l'aise pendant toute la soirée, déambulant d'un pas chancelant et promenant un regard vitreux autour d'elle. Les gens commencent à insinuer que ses anciens problèmes d'alcool reviennent à la surface. L'Internet se met de la partie, avec des groupes de discussion intitulés « Meurs, Scully, meurs ! » et « Gillian Anderson, la pute de Grand Rapids ».

Peu importe ce qui adviendra de la vie amoureuse compliquée de Gillian Anderson et de tout ce sordide gâchis, une chose est sûre : avec une pareille renommée, elle sera toujours sous les projecteurs. Espérons qu'elle connaîtra des temps meilleurs et se verra confier des rôles importants, mais il est possible qu'elle demeure à jamais l'agent Dana Scully. Si tel est le cas, ce sera tout de même une prouesse. Elle aura incarné un des personnages principaux d'une des séries de science-fiction les plus populaires de l'histoire de la télévision, renversé une foule de préjugés sexistes de l'industrie et été un modèle pour un grand nombre de femmes. Peut-être réussira-t-elle un jour à se faire reconnaître

comme une des actrices les plus accomplies et les plus respectées du monde. Peut-être, dans trente ans d'ici, Gillian Anderson écrira-t-elle une autobiographie intitulée *Je ne suis pas Scully.*

Qui sait ? C'est un monde bien étrange...

AGMV
MARQUIS
Québec, Canada
1998